薄荷实验
Think As The Natives

# Germany's Hidden Crisis
# Social Decline in the Heart of Europe

[德] 奥利弗·纳赫特威 著

黄琬 译

**Oliver Nachtwey**

# 德国电梯社会：
# 一个欧洲心脏地区的危机

华东师范大学出版社

·上海·

**图书在版编目（CIP）数据**

德国电梯社会：一个欧洲心脏地区的危机 /（德）
奥利弗·纳赫特威著；黄琬译 . —上海：华东师范大学
出版社，2023

ISBN 978-7-5760-3718-0

Ⅰ. ①德… Ⅱ. ①奥… ②黄… Ⅲ. ①社会问题—研
究—德国 Ⅳ. ① D751.68

中国版本图书馆 CIP 数据核字（2023）第 043379 号

上海市版权局著作权合同登记 图字：09-2021-0211 号

**德国电梯社会：一个欧洲心脏地区的危机**

**著　者**　［德］奥利弗·纳赫特威
**译　者**　黄　琬
**责任编辑**　顾晓清
**审读编辑**　赵万芬
**责任校对**　时东明

**出版发行**　华东师范大学出版社
**社　址**　上海市中山北路 3663 号　邮编　200062
**客服电话**　021 - 62865537
**网　店**　http://hdsdcbs.tmall.com/

**印刷者**　苏州工业园区美柯乐制版印务有限责任公司
**开　本**　890×1240　32 开
**印　张**　8.25
**版面字数**　151千字
**版　次**　2023 年 7 月第 1 版
**印　次**　2023 年 7 月第 1 次
**书　号**　ISBN 978-7-5760-3718-0
**定　价**　79.80 元

**出 版 人**　王　焰

（如发现本版图书有印订质量问题，请寄回本社市场部调换或电话 021-62865537 联系）

## 作者简介

奥利弗·纳赫特威（Oliver Nachtwey），德国社会科学家和经济学家，法兰克福社会研究所研究员，巴塞尔大学社会结构分析教授。曾在哥廷根乔治-奥古斯特大学的 DFG 研究培训小组"欧洲社会模式的未来"从事研究工作，并在那里获得博士学位。他的研究兴趣包括劳动和工业社会学、政治社会学、资本主义的比较研究和社会运动。

## 译者简介

黄琬，得克萨斯 A&M 大学社会学系博士生，香港大学新闻学硕士。研究方向为迁移、家庭、媒体、偏常行为。

# 目　录　|

# 引 言

2014 年，当被问到职业规划时，三分之一的德国大学生都回答最想在政府部门找到一个安稳的职位 —— 他们寻求的是就业安全与稳定。全新而具有开创性的工作、高风险的创业，或是独立而富有创造性的活动对许多学生已经失去了吸引力。与此同时，政府部门成为他们眼中少数能预见就业安全、稳定以及社会升迁的工作领域之一。年轻大学毕业生们这种看似中产阶级的对工作的看法实际只是一个小的切面，它代表了这个社会中存在的对向下流动的普遍恐惧。这种恐惧是如何产生的呢？

历史的记忆往往是短暂的。只有少数人记得就在不久前的 1999 年，德国经济仍被视为"欧洲病夫"，那时的失业率正不断攀升。如今情况发生了很大变化，欧洲各国失业率创新高，而德国的就业人数却在 2016 年达到了历史的高位；相应地，失业人数也处于统一后的最低水平。在其他欧洲国家深陷紧缩和经济危机的泥潭时，德国经济正逆势而上。然而，这不过是令人愉快的幻觉，德国和其他国家一样正面临"民主资本主义危机"（crisis of democratic capitalism）[1]。

在本书中，我以德国的发展为例，展示了日前多数西方资本主义国家正在发生的根本性社会变革，并论证了过去社会中的向上流动与融合，如今已被向下流动、不稳定以及两极分化代替。

自战后的"经济奇迹"以来，德国一直被视为一个与贫穷几无关联的国家。当书刊报纸记录着"新的充分就业"（new full employment）所带来的欣喜，[2] 我们很容易忽视这个国家社会不平等的日益加剧、低收入行业的强劲发展，以及不稳定因素的逐渐增加。在看似稳定的表面之下，德国社会整合的支柱早已被侵蚀，实际情况正江河日下。

文学作品敏感地捕捉到这一变化，并表达了对社会进步的渴望。乌拉·哈恩（Ulla Hahn）在其关于希尔德加德（希拉）·帕姆的三部曲小说《隐藏的话》（*Das verborgene Wort*）（2001）、《出发》（*Aufbruch*）（2009）和《时间的游戏》（*Spiel der Zeit*）（2014）中，详尽刻画了在二战后几十年里，德国作为一个向上流动的社会的习俗。她的主人公希拉有着对文学的热爱和对自主生活的追求。凭借非凡的天赋，希拉完成了中学学业并进入大学。这对一个"无产阶级的下一代"和农村女孩来说是难得的。在这个过程中，她感受到自己与另一阶级粗略或细微的差别——这一阶级的男孩们即使没有天赋，往往也能在社会上占据优势地位。希拉的家庭毫无野心地过着简单的生活，是教育让她实现了那个时代特有的向上的社会流动。

文学作品在反映社会现状的同时，也描绘灾难、无常、向下流动和破败崩溃。在自传体小说《家具店》（*Möbelhaus*，2015）中，笔名罗伯特·基什（Robert Kisch）的前记者讲述了自己如何从天才作家沦落为家具推销员。这种长期的阶层下滑的故事也许独特，但它反映了新闻业整体的变化。就在几年前，新闻还是一个意味着职业声望、自主行动以及可观收入的行业，而现在，新闻业已不复存在，或只对少数人存在。《家具店》不是唯一的例子。海克·盖斯勒（Heike Geissler）在她的报告文学作品《季节工》（*Saisonabeit*，2014）中讲道，她已无法依靠写作生活，已迫于生计成为一名亚马逊仓库里的包装工。托马斯·梅勒（Thomas Melle）在他关于社会底层的小说《三千欧元》（*3000 Euro*，2014）中也描述了相似的经历。这样从安稳生活中滑落的故事在许多其他作品中也不难看到，例如卡塔琳娜·哈克（Katharina Hacker）的《空房间》（*Die Habenichtse*，2006）、恩斯特－威廉·汉德勒（Ernst－Wilhelm Händler）的《当我们死去》（*Wenn wir sterben*，2002）、雷纳尔德·戈茨（Rainald Goetz）的《约翰·霍尔特洛浦》（*Johann Holtrop*，2012）、威廉·根齐诺（Wilhelm Genazino）的《陌生人的战斗》（*Fremde Kämpfe*，1984）和《普通乡愁》（*Mittelmässiges Heimweh*，2007）、乔格·奥斯瓦尔德（Georg M. Oswald）的《重要的一切》（*Alles was zählt*，2000），以及西尔克·朔伊尔曼（Silke Scheuermann）的《别人的房子》（*Die Häuser der anderen*，2012）。

文学虽然不是一种社会诊断，但它往往包含了对现实的真实映照。而我写本书的目的，就在于用科学的视角来论述这些文学作品所反映的现实生活。

本书尝试探索社会学的一些经典问题：我们生活在一个怎样的社会？是什么将群体与个体联结在一起，又是什么将他们分开？不平等、统治、社会整合以及社会冲突之间有着怎样的联系？我在这里以社会学的探索精神提出的许多论点从某种意义上来说是冒险的，因为它们在某些领域仍有待实证检验。此外，由于它们是从一个单一国家的例子发展而来，有关国际和跨国方面的内容只会被顺便提及（比如在书的结尾，我对欧洲的整体趋势作了简略概述）。特别是，我希望能呈现几十年的发展历史，并通过这样的呈现来理解它们。[3]

本书的第一章集中讨论了一个已经成为过去的社会群集——处于全盛期的**社会现代性**（social modernity）。社会现代性意味着福利国家的建立，意味着旧的阶级障碍被消除以及社会和教育机会有所提升。最重要的是，来自工人阶级家庭的子女获得了前所未有的个人发展的可能性。已故德国社会学家乌尔里希·贝克（Ulrich Beck）用集体的"电梯效应"（elevator effect）这一概念来描述这种现象。[4]无产阶级成为"公民"（*Bürger*），尽管女性仍远远落在后面，因为在社会现代性中，男性养家糊口仍然是占据主导地位的家庭模式。

从 20 世纪 70 年代开始，社会现代性逐渐开始衰落，这主要是因为资本主义（如第二章所述）不再保持"黄金时代"的惊人增长率。1973 年，西方经济开始衰退，形成了一场尚未找到解决办法的危机。无论是凯恩斯主义的方案、西方自由主义的放松管制，还是大量廉价资金的投放，都没有取得任何成果。正如我在第二章中讨论的，一种**后增长资本主义**（post-growthcapitalism）的兴起成为普遍趋势。尽管国家政府和中央银行采取了大规模干预，可金融危机之后的经济危机还远远没有结束。相反，全球经济停滞已隐约可见。

经济的长期疲软消解了社会整合所需的资源和追求社会整合的意愿。上市公司在私有化的压力之下歇业倒下，福利国家被废除，社会权利被削弱。在几乎所有的社会领域——而这是我们这个时代的标志——竞争性市场被引入。最后，社会现代性的许多成就都屈从于一种更新的、如今处于**倒退**中的（regressive）现代化（第三章），这种现代化常常将社会自由化与经济放松管制相结合。横向而言，在不同性取向的群体之间，在不同性别之间，甚至在不同种族社群之间的某些方面，社会变得更加平等和包容；但在纵向上，这样的平等主义关联着更为显著的经济不平等。

正如乌尔里希·贝克在其颇具影响力的著作《风险社会》中作出的判断，"按照完完全全的常态来说"，旧工业社会"退出了世界历史的舞台，它是经由副作用的后楼梯而退出的"①。5除了工业社会仍未完全退出外，对于向下流动的社会，我们可以得出以下结论：既然它经由后楼梯悄悄显现，那它还没有到达主厅。诚然，贫穷、不稳定以及社会不平等的激增正日渐频繁地成为政治辩论的主题，但迄今为止，这些新的不平等仍然没有得到妥当处理。社会升迁依然是人们渴求的目标，是一种行为常态和政治范式，通过成就、机会平等、教育来实现。就机会平等而言，众所周知，工人阶级家庭的子女往往没有同等的教育前景。在争取机会的社会竞争中，尽管形式上是平等的，那些拥有较少文化资本的人最终还是落在了后面。而那些从一开始就处于有利地位的人则取得了成功，有时甚至不需要付出特别的努力。

我们之所以对社会升迁说了这么多，是否因为在现实中它越来越罕见？这是本书提出的问题之一。转变为一个向下流动的社会是一个多方面正在进行的过程。虽然不置可否，如今依然有较大的社会流动的空间，但核心事实是德国社会的发展动态已经发生了变化。例如，直到 20 世纪 90 年代初，实际收入才有所增加，所谓"正常劳动关系"（normal labour relations，指有雇佣保护的、提供一定程度保障的长期工作）才成为普遍规则。在过去的三十年里，社会动态已经转向那些依赖就业的人。不稳定作为社会现代性中的一种边缘现象，如今已经扩大并制度化为劳动力市场的一部分。就职业流动而言，尽管上升仍然明显多于下降，前景却已经变差。此外，广大的中产阶级也已经收缩，其中部分成员甚至出现阶层下滑，这在德国战后历史上是未曾出现过的。即使有比以往任何时候都多的女性就业，这可能意味着获得解放，但在许多情况下她们是因为配偶的收入不足以满足家庭需要而被迫从事低薪工作的。

现代性在继续发展，但同样也在倒退。长期以来被认为已经克服了的问题再次成为现实。福利国家的解体以及社会权利的撤回再次使"阶级关系的结构化"（structuration of class relationships）成为社会不平等的焦点。[6] 同时，今天的社会阶级不再像 19 世纪末那样，在集体共有的社会环境中，它们的组织在斗争中经受考验。因此，尽管出现了大量新的社会冲突，传统的阶级斗争还是不会"重演"。在一个向下流动的社会中，资本主义与民主、自由与平等之间存在着张力和冲突。一种新的反抗爆发了，这种反抗是一种基本由争取政治和社会权利的斗争所驱动的民主阶级冲突，新的公民抗议是民主政治异化的副产品。然而，这却是相当危险的，同时伴随着冷漠、社会排斥以及反民主情绪的蔓延。一方面，对向下流动的恐惧出现——尤其在中产阶级之间——一种对社会达尔文主义或仇外差异的需要，在例如关于德国是否正在"破坏自己"（abolishing itself）以及底层文化是否变得贫瘠的辩论中已经有所体现。欧洲爱国者抵制西方伊斯兰化运动（PEGIDA）*的兴起，以及右翼民粹主义德国选择党（Alternative für Deutschland）在 2017 年选举中的成功，也都体现了这一发展变化。

另一方面，一种新的同时涉及社会议题和民主参与的抗议活动不时出现。无论是亚马逊仓库里的女性清洁工，还是医院的护工，这些因其工作的暂时性和不稳定而难以组织成工会的团体，罢工的次数都有所增加。在"占领运动"（Occupy Movement）中，我们看到它不同于传统的抗议运动，占领了公共场所好几个月。基层群众的民主运动，以"占领运动"为例，往往是在工会和政党等既有的左翼组织的外围采取行动。而在抗议者看来，这些组织既是建制的一部分，也是问题的一部分。新的罢工运动和"占领运动"都是一个向下流动的社会所特有的新的抗议形式。对地位贬值和朝不保夕的恐惧不再被视为一种个人命运，而是一种集体经历。在德国"占领运动"阵营里出现了一类新的抗议者——类似于运动发起地纽约祖科蒂公园的抗议者，或是在西班牙"愤怒者运动"（Indignados）中扮演

---

* 编者注：为论述方便，在后文出现时仍使用"PEGIDA"这一简写形式。

重要角色的抗议者——工作不稳定、前景黯淡、上升渠道受阻的年轻毕业生。也许目前他们的人数还不多，但他们在公众舆论中引起了极大共鸣。毕竟，他们的父母和祖父母经历了几十年的阶层上升，不可能意识不到他们的后代正面临集体性地位贬值的危险。"我们就是那99%的人"——"占领运动"的口号本身就是一个向下流动的后民主社会的象征，它将公平分配与民主参与的问题结合了起来。

然而，所有这些抗议活动都没有提出一个关于成功未来的构想。人们徒劳地回望看似更好的社会现代性的时代，这尤其因为反抗仍然是自发和偶然的。虽然在社会抗议不断增多的时期，很快随之而来的是异常的平静，但只要这些抗议所反映的问题得不到解决，社会张力就很可能持续存在。但愿这些反抗不会在某个时刻回归。

如果本书所展示的判断被证明是正确的，我们可能会面临新一轮的社会冲突。在这一轮冲突中，我们将再次为一个更好的社会而斗争，而这些冲突与斗争将决定我们民主的未来。

这本书的完成离不开很多同事和朋友的支持。要感谢的人很多，请恕我无法在此一一提及。我要特别感谢位于耶拿的DFG后成长社会研究小组、汉堡社会研究所和位于法兰克福的社会研究所为我提供大学日常工作中难以实现的空间、时间和讨论机会。我还要感谢我的朋友和同事罗兰·巴尔霍恩（Loren Balhorn）和塞巴斯蒂安·巴金（Sebastian Budgen），是他们的付出让这本书得以与英文读者见面。

第一章

社会现代性

事后看来，德意志联邦共和国战后的几十年是一个独特的经济、社会和政治群集。在魏玛共和国——一个被阶级冲突撕裂的、政治上两极分化的社会——之后，出现了纳粹专政。在纳粹倒台后，出现了一个相对稳定的民主国家，最重要的是，它是一个具有社会保障的国家。在本书中，我将这个时代称为**社会现代性**。

经济的繁荣是社会现代性的物质基础。在 1950 年至 1973 年这段时期内，西欧（经济）的年均增长率为 4.8%，这是凯恩斯资本主义的结果。这种稳定的增长使快速社会现代化成为可能，并对工作、生活、文化及政治进行了重构。[1]

## 福利国家的重要性

德国的福利国家根源可以追溯到俾斯麦时代：1883 年，颁布第一部疾病和意外伤害保险；1889 年，创建公共养老金制度。这是俾斯麦对当时日益强大的工人运动所采取的应对举措，同时也是一项早期资本主义现代化的工程。魏玛共和国时期，德国施行了进一步的集中福利措施，特别是 1927 年的失业保险，但直到战后民主的出现，福利国家才全面实现。在此之前，对一个只遵守市场规律、不受管制的自由放任资本主义，连大部分社会和政治精英也失去了信心。奥匈经济历史学家卡尔·波兰尼在 1944 年即第二次世界大战结束前所预言的"大转型"已经基本形成。波兰尼认为，自我调节的市场制度——后来将被新自由主义再次宣扬 —— 注定是一个"完全的乌托邦"（stark utopia）。[2] 如果要实现这样一个乌托邦，最终的结果将是把经济完全从社会中移除。而根据波兰尼的论证，一个受制于完全自由市场的社会，如果不消解其自身本质，即人类和自然，便不可能存在。[3] 所有接近最优市场的尝试，最终都会导致试图将经济重新嵌入社会的对抗行动。[4] 比如，在 1929 年美国经济崩溃后，美国的城市工人、穷人和社会主义者、农民和保守派，共同为新的社会政策努力。二战后建立的福利国家，不仅在德国，也包括其他（西）欧洲国家，都出现过接近波兰尼分析的制度化对抗运动。[5]

在马克思看来，无产阶级的特征是他们既不拥有资产，也不拥有生产资料。这意味着他们除了出卖劳动力别无选择。[6] 在资本主义制度下，劳动力是在劳动市场上被买卖的商品，工人因此毫无防备地暴露在这个市场的危险 —— 贫穷、疾病、衰老和失业 —— 面前。福利国家成功限制了劳动力作为商品属性的程度；这是一种"去商品化"（de-commodifying）制度，因为它社会化了上述风险。[7] 因此，法国社会学家罗伯特·卡斯特（Robert Castel）将社会保障、养老金、公共产品和服务称为"社会财产"（social property）。[8] 福利国家的运作方式在任何地方都不尽相同：其中一些方式是广泛和普遍应用的，而另一些则是保守的、以维持稳定为目的，几乎仅提供社会最低水平的福利。[9]

此外，福利国家不是一种慈善机构，而是包含着一种关于生产者的双重意涵。一方面，它旨在降低雇佣劳动者的生活风险；另一方面，它要确保那些有能力工作的人确实得到了保护。通过健康保护和工作保护，福利政策为充足的健康劳动力供应创造了基本的先决条件。然而，没有人可以坐享其成，有能力工作的人必须主动寻求政策帮助，否则将受到处罚。[10]

究竟是谁构成了潜在的劳动力大军，这一概念在历史上一次次地发生着变化。在资本主义早期，人们理所应当地将女性和儿童归于这个群体。反对使用童工的长期斗争一直持续到 20 世纪初。在这段时间里，女性的角色形象发生了变化，她们被赋予照顾孩子和家庭的主要责任。家庭主妇成了她们的主要角色，而丈夫则在外工作挣钱。

不过，关键在于：福利国家是社会现代性进程中的核心实例。当社会福利和医保的适用范围得到扩大，雇佣劳动者可见地有能力扩大他们的社会资产和社会财富份额。穷人和底层阶级仍然存在，但他们受剥削的程度和性质发生了变化。绝对贫困和相对贫困都有所减少，某些工人群体的显著贫困已成为过去。[11] 尽管社会需求仍然存在，但重要的是它已存在于雇佣劳动领域**之外**。而这正是如今的衰落社会正在发生的变化（见第四章）。


## 正常劳动关系

社会现代性的剧变不仅限于福利国家的引入和扩张，它的范围既广又深。有偿就业的制度整体发生转变，进入一个工业大规模生产时代。20世纪的头几十年见证了大型化工、钢铁和汽车工厂的崛起。亨利·福特是第一个将装配线成体系引进车间的人，他接受了弗雷德里克·泰勒发展起来的科学管理的基本思路：将脑力劳动和体力劳动系统地分开，并对所有过程进行严格分工，实行标准化及等级化管理。遵循意大利马克思主义者安东尼奥·葛兰西的规制理论将这种生产方式定性为"福特主义"。这一生产方式虽然出现于20世纪20年代，但直到1945年才发展至最大规模。[12] 这种经济模式以长期逻辑进行生产，并较少受到市场外部需求的影响。大规模生产意味着同时参与大规模消费，上涨的工资和下跌的消费品价格使德国工人阶级家庭第一次能够负担得起汽车、电视和洗衣机，这在过去只是少数特权阶级才有经济能力承担的。

这些发展最终建立了所谓"正常劳动关系"。[13] 在福特主义之前的工业资本主义时期，劳动是近乎完全灵活且没有保障的。而正常劳动关系通常包括（作为自主生活先决条件的）稳定且有社会保险的长期工作。这样的关系还包括劳工有机会通过集体参与决定他们的劳动关系，这使得他们过去遭受的不安、焦虑和无序被确定性、可预测性和相应社会保障的基本支柱取而代之。由此，工作现在被赋予了一定程度的尊严。据巴伐利亚 –撒克逊**未来委员会**报告，在1970年，有84%的工作受到正常劳动关系的约束。[14]

当然，这一切都是在失业率极低的背景下发生的。那些年里，劳动力供应不足，许多国家几乎实现了充分就业，特别是德国。工会获得了新力量，几乎80%的就业者受到集体工资协议的保护。低失业率促使当时还不受"股东价值"（shareholder value）原则驱使的雇主采用特定的人事策略。即使在低技术工作领域的劳动力市场，这一阶段也出现了所谓"结算流程"（closure processes）。[15] 这意味着公司甚至为非技术工人提供长期的就业前景，包括在公司内部学习技能、获得晋升的机会——不仅仅是为了换取他们的技术知识和忠诚。

然而即使在那一时期，非典型的就业形式同样存在，并主要出现在女性身上。如果不当家庭主妇，她们则从事着受保护程度较低、技能水平较低的工作，或者在小企业中协助家人。[16] 在德国经济奇迹结束前不久，即1966年到1967年战后第一次经济衰退时期，非全职工人只占所有工人的6.5%，[17] 到了1970年，这一比例已经上升到9.3%。不过，如今不稳定就业的主要形式在当时很少存在。1972年，分包工作被完全禁止，并在之后依然受到严格管制。1985年，工人只有在非常严格的条件下才可能被解雇，非全职工作所占的比例微不足道。[18]

## 社会经济公民权的发展

上述工作条件的变化，伴随着国家福利的发展，构成阶级社会的一个关键变化。在前资本主义社会，阶级（比如贵族与平民或地主与农奴）都是建立在一个被明确界定的地位等级制度之上的。每个阶级都有着各自的风俗和分配的权利，将其与其他阶级区分开来。在现代阶级社会，法律不平等及其特权逐渐消失，1789 年法国大革命后颁布的《人权和公民权宣言》标志着现代国家公民身份及其相应权利的诞生。至此，人们在法律面前自由平等，但还不是享有平等参与权的公民。英国社会学家 T. H. 马歇尔（Thomas Humphrey Marshall）将此描述为"公民权利"（civil rights）的出现。[19] 这些权利与资本主义社会没有冲突，甚至是"竞争性市场经济不可或缺的"[20]。公民或公民身份的权利最初包括言论、思想和信仰自由，自由选举，契约自由以及财产权，并引入了一个人人平等的法律制度。马歇尔认为，公民权利是分阶段发展的，一项权利的获得是下一项权利实现的基础。因此，公民权利之后是政治权利，包括参与和影响政治权力的权利，它们的核心是实行自由无记名选举以及普选。马歇尔将 20 世纪随着社会福利国家的形成而出现的更为广泛的权利整体称为"社会公民权"（social citizenship rights）。[21] 作为社会的一员，现在每位公民都可以要求基本的安全保障与社会参与（比如通过为疾病、事业、贫穷及年老提供保障的社会保险制度，以及教育和健康制度），而"不与其市场价值挂钩"。[22]

"暗中"[23]，马歇尔还提出了"工业公民权"（industrial citizenship）的概念。这一概念并非基于一般公民权，而是基于就业者的集体权利，它涉及由工会实现的"第二产业公民权"（secondary industrial citizenship）[24]制度。在德国战后时期，这种公民权利体现为工人的参与权与共同决策权，以及自由集体谈判和劳资委员会的制度化。[25]

在集体谈判的法律保障下，工会和雇主成为缔约方。虽然导致了冲突，但它也确立了规范，实现了诸如劳工在工作场所享有健康和安全措施的权利、免受管理层武断决策影响的保护、带薪假及病假[26]，以及最低工资，当然还有工人利益的自主代表。通过劳资委员会，工人成为"公司公民"（company citizens）。[27]

社会经济公民权缓和了民主国家的公民政治平等与市场社会的社会不平等之间的紧张关系，[28]公民权利不会巩固市场的基础，因为它们无法被交易，而是通过法律身份获得的。马歇尔认为，福利国家不仅仅是一个有用的市场矫正机构，它还使工人阶级受益并融入社会的框架内，为他们赋予新的社会身份：从无产阶级变成公民。阶级社会并未由于公民权利的发展而被废除，而是为平等社会权利的引入奠定了基础。由此产生的并非一个平等的社会，而是一个处于平等条件下的人所构成的社会。[29]

## 社会升迁、电梯效应与个体化

正如前文提到的，战后的前西德和当时大多数欧洲社会一样，在物质上也是一个能够实现社会升迁的社会。人均国民收入在 1800 年至 1950 年之间增长了 3 倍，而在 1950 年至 1989 年之间其增长速度是前五十年的 13 倍；[30]实际净工资在 1950 年至 1970 年之间增长了 3 倍；同一时期，工业工人的平均小时毛工资增长了近 5 倍。[31]

图 1.1 和图 1.2 展示了 1950 年至 1969 年期间实际工资的

发展情况。这里明显的变化除了工资的大幅增长，还有 20 世纪 60 年代工资和劳动生产率的同步增长。[32] 在这一时期，工人能够以他们所增加价值的增长同比例地提高他们自己的生活水平。[33]

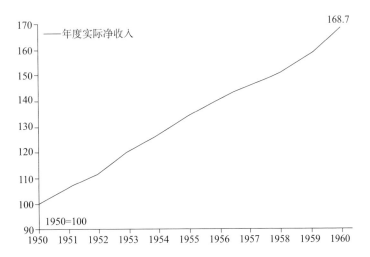

图 1.1　德国年度实际净收入，1950—1960

前西德除萨尔兰和柏林外的领土。

数据来源：*Bundesministerii jm für Arbeit und Soziales*, Statistisches Taschenbuch 2011. *Arbeits-undSozialstatistik*, Bonn, 2012.

随着生活水平的提高，工人和白领之间的差异趋于消失，无产阶级的生活方式也随之消失。人们的住宅变得更大更舒适，也买得起冰箱和电视。在 1950 年至 1965 年期间，前西德的汽车数量从 200 万辆增加到 1200 万辆。工人阶级家庭第一次能够远距离休假，而在之前的几十年里，尽管在 1963 年后他们开

**图 1.2　德国实际净收入和劳动生产率，1960—1969**

前西德除萨尔兰和柏林外的领土。

数据来源：*Bundesministerii jm für Arbeit und Soziales*, Statistisches Taschenbuch 2011. *Arbeits-undSozialstatistik,* Bonn, 2012.

始拥有带薪休假的权利，但必须待在家里或就近休假。在这几十年里，不用工作的时间也在不断增加，其中特别的转折发生在 20 世纪 70 年代初期，德国引入了五天工作制，并将一周工作时间限制为 40 小时。

综上所述，这些变化相当于在消费、生活，甚至精神上发生了去无产阶级化（de- proletarianization）。[34] 到 20 世纪 70 年代末，43% 的技术工人已经拥有了自己的住房；日益增长的物质繁荣，尤其是过去原本保留给中上阶级而近乎有着奢侈感的对消费品的获取，改变了劳工的自我评价。"这种更好的生活也是一种集体上升获得的体面。"[35]

尽管有这些发展，阶级隔阂在许多方面仍然是显而易见的。某些劳工群体的收入相对于总体平均水平在下降，在某些情况下甚至出现大幅下降。[36] 联邦共和国的财富分配历来极不平等，虽然下层阶级也可能有一些储蓄，但大体上财富仍然集中在最高阶层。[37] 不过，整体的向上流动指如今收入和财富差异在主观上变得不再重要，更多人能够过上体面的生活。

在社会现代性的条件下，职业和社会的流动性都大幅提升，上升机会增加，同时下降路径减少。1971 年，41% 的技术工人子女升入了较高的职业阶级，到了 1978 年，这一数字进一步增至 63%。[38] 突然间，不仅可从较低阶级向上攀升一到两个等级，甚至一次跃升好几个等级也成为可能。联邦共和国经历了相对的社会开放，这一发展一直持续到 20 世纪结束。[39] 六七十年代教育系统的扩张是其中的核心因素，工人阶级子女第一次有机会大批完成高中甚至大学教育。然而，这种教育的提升是有限度的，社会阶层的典型不平等仍然存在，因为进入文理中学和大学的工人阶层孩子人数仍然低于中上阶层。与中上阶层的后代相比，工人阶层的孩子普遍缺乏必要的文化资本，也就是需要在很小的年纪就习得的运用和展示某种特定修养的能力。[40] 高等教育学历则特别地构成了进一步职业提升的基础。[41] 换句话说，尽管这种提升成为一种普遍现象，但它们仍然受到社会阶级的限制。

社会升迁的累积发展标志着工人阶级历史的一个重大转变，[42] 分析判断这一转变成为人们通过多种角度热切思考的对象。

乌尔利希·贝克或许是其中最杰出的诠释者之一，他在 20 世纪 80 年代提出了"电梯效应"的概念来描述这一新的社会流动性。[43] 根据这个隐喻，在一个经济增长的社会中，从工薪阶层到富人的所有阶层都站在同一个电梯里，一起上升。在这种情况下，阶层或社会阶级之间的不平等肯定没有被消除，但当每个人都变得更为富有，这种不平等便不再那么重要："阶级社会作为一个整体被提升到一个更高的层级。尽管存在着各种新的、持续存在的不平等，但在收入、教育、流动性、权利、科学，以及大众消费等方面都出现了集体上升。"[44]

贝克将这一分析与个体化——现代性最具影响力的社会发展之一——相联系。在他看来，社会最基础的东西正在被现代化：传统的阶级忠诚和身份被削弱甚至几乎消失。如果说在早期的现代性中，劳动力市场是构成阶级的地方，集体经验被普遍化为阶级意识，那么在社会现代性中，这种效应则发生了翻转：工人运动的集体成功自相矛盾地导致了新的更个人主义的行为模式的兴起。受管制的劳动力市场和福利国家被新自由主义者反复模式化地归为对自由的破坏，而它们实际上是实现现代化个体的核心先决条件。[45] 每个工薪阶层的个体都明显地从成功的集体谈判中有所获益（这点从他们的工资单可以看出），即使他们本人没有参与集体行动。失业保险和免遭解雇的保护属于集体权利，但通常是每个人单独获取，比如自己去就业中心或者法院。以前，在工人阶级中长大的人接受工人阶级的思想、价值观和生活方式，并在工人阶级的政治组织中度过他们的时间。每个人的人生都由其家庭、邻里或工会所标定，并通过这样的方式实现阶级命运的社会化。而在社会现代性下，"这种具有阶级文化标志的整体体验和控制纽带往往被打破……新的物质和世俗发展的可能性与大众消费的诱惑同时发生，导致传统的生活形态和社会环境的轮廓消失"[46]。

虽然这一分析总体非常中肯，但贝克夸大了对他所处时代的判断。他坚持认为"**没有**（without）阶级的资本主义"已经出现。[47]尽管社会不平等仍然存在，但在某种意义上"超越了地位和阶级"（beyond status and class），而因此只是个体和群体之间的差别。[48]贝克并不是唯一这样评价的人，甚至不是第一个提出这一评价的人。早在 1949 年，西奥多·盖格（Theodor Geiger）就谈到过"阶级社会大熔炉"（class society in the melting pot）[49]。后来，赫尔穆特·舍尔斯基（Helmut Schelsky）认为他识别出了一个"平整的中产阶级社会"（levelled middle-class society）[50]。无论如何，德国社会学整体呈现出不同于英语国家的情形，在 20 世纪出现了一种认为阶级社会已经终结的明显趋势——仿佛抛弃阶级社会这一概念，阶级就会消失。

20 世纪末，已经存在了一个多世纪的工人阶级发现他们正处于一个剧烈变化，甚至长期削弱的时期。然而，这不仅仅是社会升迁和生活方式改变的结果，许多其他因素也发挥了作用。传统产业相继失去重要性，尽管传统的工厂仍然存在，但越来越多的人开始进入公共行业或白领为主的服务公司工作。即使在制造工厂，分等级组织的他律性活动也开始被工人个体或团队的自主性概念所取代。[51]然而，阶级社会本身并没有消失，而是通过一种不同形式、有着个人主义特点的变化继续存在。[52]

## 社会冲突的转型

公民权利的延伸、电梯效应，以及工人阶级对社会框架的明显融入，让贝克在他的分析判断之上提出了一个更为激进的理论：如果不存在阶级，那么就没有阶级冲突。对贝克来说，焦点不再是纵向的介于上下阶层之间的冲突，而是工业化的后果（首先是环境污染和生态危害）以及生活世界个体化的结果。就这方面而言，他的分析判断为新的社会运动奠定了理论基础（见第五章），这挑战了既有的概念，即工人运动是集体解放或抵抗的中心行动者。

贝克对社会冲突转变的观点是明智且准确的，他认识到了新的生态危害和新的社会运动并对其作出了描述。然而，他显然没有意识到阶级结构的持续相关性。诚然，他时常提到社会不平等的延续，但在他看来，不平等的阶级基础已经被电梯效应消除了。[53] 他将自己的分析推论得太远，就像把婴儿连同洗澡水一起倒了出去。

拉尔夫·达伦多夫（Ralf Dahrendorf），战后德国社会学的元老之一，则持不同观点。达伦多夫首先关注的是社会和阶级冲突的**转变**（transformation），其理论的基本点是，每个社会都存在阶级冲突，因为每个社会都有统治（domination）。[54] 作为一个既不是马克思主义者，也不是任何形式的左派分子的学者，他对谈论这些问题没有那么拘束。

达伦多夫描绘的全景与贝克所描绘的大不相同，尽管他们采用了一致的进路。[55] 达伦多夫发现，由于社会公民权利的建构，人与人之间不再存在质的差异，而只剩下量的差异，阶级冲突确实已经失去了它的"绝对性"（absolute quality）[56]。集体谈判、共同决策以及工会参与导致了"阶级对抗的制度化"（institutionalization of the class antagonism）[57]，这在社会公民权利发展的逻辑论证中至关重要。当工人们越能有效地将自己从市场的风险中解放出来，这种解放的推力越强，阶级地位和阶级冲突便失去其重要性：

> 一旦人们都拥有了公民权利，生活方面的差异便取代了对公民、政治或社会权利的普遍诉求。虽然人们争取对女性同等价值的承认，反对环境污染，支持裁军，但他们这样做是出于公民权的共同基础。[58]

同样，在《现代社会冲突》（*The Modern Social Conflict*）中，达伦多夫提出警告，认为现在宣告阶级的消亡还为时过早："要判断新的排斥所产生的冲突将以何种形式出现（还？）并不容易。"[59] 即使是得到法律和宪法正式保障的基本公民权利，最终也可能因为经济疲软和教育缺乏而在个人行使权利的过程中受到限制。在 20 世纪 80 年代罗纳德·里根和撒切尔夫人开始实行新自由主义政策的背景下，尽管达伦多夫仍然视社会现代性与社会公民权为稳定的，但他坚持认为"在 20 世纪 60 或 70 年代的某个时刻"，社会现代性中"推动变革的重要历史力量……

失去了其动力，因为它所努力确立的原则已被广泛接受"。[60] 简言之，随着这种历史力量的消失，阶级问题将可能与阶级冲突再次相关。

## 成功的辩证逻辑与社会现代性的枯竭

对大多数工薪阶层来说，社会现代性是一个进步的时代，但对失去的正常状态的忧郁怀旧之情（"过去的一切都更好"）忽略了它的矛盾特性。在几乎所有社会领域，包括工作、家庭、国家，矛盾进一步加深。

国家承担了**干预者**（interventionist）的角色。正如理论家早在 20 世纪 70 年代就讨论过的那样，国家越来越认为自己是在保护社会免受市场的破坏。在他们看来，处于社会现代性中的国家是一个"晚期资本主义"（late capitalist）国家，[61] 其在功能上是必要的，因为如果不采取应对措施，市场逻辑会导致企业采取破坏整个系统稳定的策略。因此，生产和再生产的日益分化和社会化，使得在市场分配不足的情况下进行基本的社会协调成为必要。[62] 克劳斯·奥菲和尤尔根·哈贝马斯等学者也对基础设施、福利国家义务、创造剩余资本投资机会、反周期政策，以及环境保护政策 —— 这样一项 20 世纪 70 年代以来日益紧迫的任务 —— 作出了阐述。然而，国家的这种永久性干预产生了副作用，特别是其合法性的问题。[63] 社会保障同时意味着社会控制，对再生产的调整带来社会不平等，而社会整合则造成了社会生活的正常化和标准化。除此之外，福利国家还产生了一种新的官僚制度，其中失业或疾病等个人问题被"普遍化、形式化，并在归档系统中以非个人事务处理"[64]。国家、雇主和工会之间的冲突被置于"社团主义"（corporatist）规则中解决。这样一种以共识为导向的程序将冲突各方带到了谈判桌上来讨论共同利益（最重要的是德国的经济竞争力），并达成社会交换交易。例如，工会愿意接受适度的工资政策来换取国家福利的扩大。社团主义往往能够成功确保社会和平与经济发展，但它同时也耗尽了民主进程的生命；协议取代了争论，共识取代了冲突等等。[65]雇主协会、工会和福利国家官僚机构的统治也危及了民主，因为公民越来越容易置身于决策过程之外。

另一个被排除在外的群体是所谓"外来工人"，值得强调的是，他们在德国社会和经济飞速发展中发挥了关键作用。这种作用可以由当时正在工作的大多数人产生，但这一飞速发展最后在很大程度上取决于"底层阶级"（underclass）的移民工人。[66]他们最初被带到德国从事繁荣产业中重复且辛苦的工作，后来，当长期的经济繁荣结束，他们便被冷漠地移送回国。如果没有他们，便不会有我们所知道的那种"正常劳动关系"。

这些正常劳动关系首先出现在大中型企业中。与今天相比，这些企业的劳动力相对同质。这里的工作仍然艰苦、标准化和专制，但当时的受雇佣者接受了这一点，因为有增加的社会保障作为补偿。当时工作活动与私人生活之间更加鲜明的分离甚至使这种异化的工作看上去可以忍受。

在企业内外，正常劳动关系都促进了资本主义的正常化。

"不守成规"（nonconformist）的工作和生活方式，以及进行创造性工作的选择权（很少甚至根本没有）在最初只吸引了一小部分人。

在社会现代性下，女性仍然处于弱势地位，"男性挣钱养家的模式"（male breadwinner model）[67] 带来了新的不平等。由于家庭主妇没有被雇用，她们被排除在许多保险福利之外，或者被以最低程度包含在内。女性在家庭中从事的照料和生育工作既没有得到任何报酬，也没有被纳入社会现代性的正规体制。

换言之，虽然社会现代性减弱了由纵向不平等（阶级之间）引起的冲突和风险，但它再现了新的横向不平等，尤其对女性和移民产生了影响。在此之前，在资本主义制度下绝大多数人没有受到过这样的保障，但也正是通过这种增强的平等，男女之间的不平等变得更加尖锐，就像贝克说的"不可磨灭的明显"。[68] 正如我们将看到的那样，在如今向下流动的社会中，反对女性不利地位的斗争引起了与新的阶级结构化在某种程度上的共谋。在此之前，女性在劳动力市场上从未有过如此平等的权利，但与此同时，女性内部的纵向阶级差异却越来越大。

直到 20 世纪下半叶，社会现代性才显得富有生机，充满内在动力；20 世纪 60 年代出现了"生活水平空前提高的巨大进步、各社会阶层生活方式的趋同，以及增强的社会流动性"。[69] 国家福利进一步扩大，并在 20 世纪 70 年代末达到了其"历史顶峰"。[70]

在那个时候，福利国家甚至被一些人作为凯恩斯资本主义的天然补充很好地接受。社会支出和较高的工资最终也被视为对经济的刺激物。[71] 但从那时起，社会现代性却被日益削弱。它的制度、妥协和规范，尤其是我们刚才分析的种种特征 —— 福利国家、正常工作条件、社会公民权以及社会升迁 —— 都已经空洞化，且现在仍是如此。

第二章

（几乎）没有增长的
资本主义

　　世界银行前任行长、美国财政部部长劳伦斯·萨默斯和诺贝尔经济学奖得主保罗·克鲁格曼最近选择了"长期性经济停滞"（secular stagnation）这样一个戏剧性的词，来描述资本主义发展的目前阶段。他们担忧西方工业化国家将持续面临经济的极低增长。在他们看来，（几乎）没有增长的资本主义或成为"新常态"（new normal）[1]。这一判断并非无中生有，在经历了最大危机近十年后，全球经济仍未完全复苏。[2]甚至经济行为体也开始怀疑：全国最大的银行之一汇丰银行高管预测，全球经济在可预见的未来将无法回到自我维持性增长的道路上来。他认为工业化国家已经走到了一个长期扩张的时代尽头，并预计进入一段停滞期。过去几十年来，由世界贸易自由化、技术创新、受过更好教育的"人力资本"，以及将女性纳入劳动力市场所带来的推动力已经耗尽。[3]

　　长期停滞的概念最早可以追溯到约翰·梅纳德·凯恩斯的追随者，凯恩斯在 20 世纪 30 年代大萧条的背景下论述了"成熟经济体"（mature economies）的观点。[4]阿尔文·汉森（Alvin Hansen）、约瑟夫·斯坦德尔（Josef Steindl）和米哈尔·卡莱茨基（Michal Kalecki）[5]等学者认为，工业社会的经济增长将逐渐停止。在他们看来，原因在于人口发展、自然资源枯竭、技术进步放缓、未对高风险创业准备就绪、政治摩擦，以及尤其是凯恩斯在其《就业、利息和货币通论》一书中所描述的"资本的边际效率"（marginal efficiency of capital）[6]。

　　然而，认为经济可以停滞很长一段时间的观点甚至更加古老。政治经济学之父们，如亚当·斯密、大卫·李嘉图、托马斯·马尔萨斯、约翰·斯图尔特·密尔和卡尔·马克思等思想家早已发现了这一点。尽管他们对自己的认识不同于今天把自己的职业视为精密科学的经济学家，他们也认为有关均衡（equilibrium）的概念发挥了重要作用。他们视自己的学科为"政治经济学"（political economy），认为该学科分析资本主义的各个阶段及其危机。在我们了解后增长资本主义的历史起源之前，我们首先需要知道另一种关于停滞的政治经济学是什么。

## 后增长资本主义政治经济学

早期政治经济学的古典理论尤其关注生产条件和商品与收入的分配、劳动力的作用、技术与资源的投入、人口的演变，以及资本积累模型。[7] 虽然后来出现的新古典理论模型（基本为统计模型）预计技术进步会对经济增长产生不间断的推动力，但古典理论对长期的经济发展有着更深的怀疑——这一事实在今天常常被忽略。与他们举出的具体原因（市场普遍饱和、人口过快增长、可用农业用地枯竭）无关，斯密、李嘉图、马尔萨斯、密尔，当然还有马克思，都预测经济发展将以某种形式过渡到静止状态。他们都同意收益递减的假设，认为这将导致资本积累放缓。[8]

其中最著名且至今仍然具有影响力的进路来自马克思。马克思因为资本主义的内在活力而对资本主义表示赞赏，认为它以前所未有的程度释放了经济力量。然而，他也认为利润

率 —— 利润与资本的关系 —— 有下落的趋势，从而带来反复的危机与停滞。马克思认为，其原因在于企业之间的竞争迫使企业出于对资本投入的考虑而对生产进行合理化改革，提高生产力，节约劳动力。从企业的角度来看这是完全合理的，但这样的竞争和改变会对整个经济带来破坏性的影响。最终，所有企业都被迫屈从于这个逻辑。相较于资本投入的增长，受雇的工人数量将以更慢的速度增长。对马克思来说，劳动是利润的来源，也是剩余价值的源泉，没有它，经济体系将无法继续存活。[9] 如果完成的劳动和由此产生的利润相较于资本有所减少，那么最终的利润率就会下降。[10]

关于该利润率下降理论的内在逻辑、连贯性和有效性的争论一直持续到今天。[11] 然而，就当下的情势需要，这一理论是全部正确还是部分正确并不重要。对后增长资本主义的分析是一个实证问题，而不是一个刻板的理论问题。斯密、李嘉图、密尔，以及后来的凯恩斯和约瑟夫·熊彼特也都认为利润率下降是一种有倾向性的发展，[12] 马克思系统阐述了这一假设并将该假设作为其危机理论的核心。有更多近年来在英语国家进行的研究表明，自 20 世纪 60 年代以来，利润率确实有所下降。[13] 这一点我将在下一节中具体说明。


## 新自由主义的漫长兴起

第二次世界大战后的头三十年是战后资本主义的黄金时代，

这是一个过去不为人所知的繁荣时期。在对纳入市场的广泛共识之上，社会现代性得以发展。[14] 在这一时期，增长率超过 5% 并不罕见。在 1950 年至 1973 年间，经济在全球范围内平均增长 4.9%，在西欧平均增长 4.79%。[15] 但只有到了后来，人们才能清楚地意识到这一历史群集有多么不同寻常。[16]

想要给出这一切开始发生变化的确切日期是不可能的，但如果说有一个时间点标志着这一转变的话，那就是 1971 年 8 月 15 日。在那一天，时任美国总统理查德·尼克松通过废除美元和黄金的互换，葬送了战后的经济秩序。其结果是布雷顿森林体系的固定汇率制度终结，整个国际货币和贸易秩序必须重新调整，新的浮动汇率制度造成了反复的不稳定。在 20 世纪 60 年代末，已经出现了周期性的经济衰退，而在 1966 年至 1967 年间，德国经济经历了二战以后的首次衰退。在 1973 年至 1974 年间，一场新的危机影响了全球经济；1975 年，战后最大的一场经济衰退侵袭了整个欧洲（见图 2.1）。这些年见证了被美国历史学家罗伯特·布伦纳（Robert Brenner）称为世界经济"长期低迷"（long downturn）的开始。[17] 经合组织成员国的国内生产总值（GDP）平均增长率从 20 世纪 70 年代初的 4% 左右下降到前几年的不到 2%（参阅图 2.2）。在 2003 年被经济学家称为"欧洲病夫"的德国经济也不例外，尽管它在过去十五年间被捧为新的经济超级明星。从长期来看，德国的表现仅略好于欧洲平均水平（参阅图 2.1）。

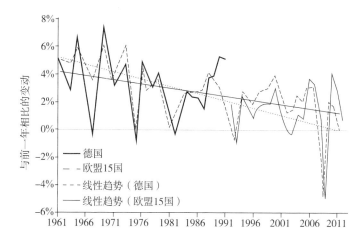

**图 2.1  德国及欧盟 15 国 GDP 变化情况（可比价格）**

数据来源：欧盟委员会年度宏观经济数据库（AMECO），由作者制图

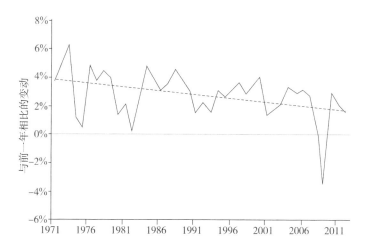

**图 2.2  经合组织国家 GDP 变化情况（可比价格）**

数据来源：经合组织，由作者制图

对 20 世纪 70 年代经济增长问题首先采取的应对，是刺激需求的凯恩斯主义措施。1971 年，尼克松甚至有句名言："我们现在都是凯恩斯主义者！"然而在几年内，该方法的效果逐渐下降，共识开始瓦解。甚至社会民主的拥护者也承认，国际市场一体化的日益加强意味着凯恩斯主义的政策将无法再产生长期效应。[18] 经济理论、社会解释和政治偏好都发生了划时代的变化，最终成为一次"滑坡"（landslide）[19]：社会现代性被逐渐腐蚀。一场反对资本主义社会化和民主化的"资本反抗"（revolt of capital）开始了，并标志着"向新自由主义的漫长转向"（long turn to neoliberalism）[20] 的开始。现在看来，战后资本主义复杂的制度性监管、其密集的劳动立法和国家保险网络，以及一个嵌入式金融市场和综合性国有产业，是"资本积累的主要障碍"（main obstacle to capital accumulation）[21]。

不同于凯恩斯主义传统中的管制、国家干预和需求调整，新自由主义经济思想——以市场为中心，以及遵循米尔顿·弗里德曼和弗里德里希·冯·哈耶克思想的解除管制和供给侧政策——在如今得到广泛认同。资本现在为自己设定了一个新的目标："扩大其国内外市场"（expansion of its markets at home and abroad）[22]。外部扩张指更紧密的全球经济一体化，而内部扩张则指被德国社会学家克劳斯·德雷（Klaus Dörre）称为"**土地掠夺**"（*Landnahme*）[23] 的政策：在过去不受利润最大化逻辑约束的社会领域（比如医疗保健）开辟新的市场。然而，成果是有限的，所推行的新自由主义策略确实带来了利润的增长，但却无法阻止后增长资本主义的趋势。

新自由主义的物质基础 —— 生产的国际化和金融体系的全球重组 —— 被市场原教旨主义者所用。当然，有许多企业长期活跃在国际市场上销售它们的产品或者获取原材料，并且因为 20 世纪 70 年代的危机而有所加强。但是大多数企业保留了本国的大本营 —— 尤其因为它们与本国政治有着密切牵连，以及资本在空间上一旦固定便不易撤销 —— 然而国际价值生产链和进入市场的机会都在扩大和加强。

除此之外，在布雷顿森林体系瓦解后，金融市场（特别是华尔街）成为经济力量新的中心，[24] 而这正是**因为**（because）它们被解除了管制。这使它们在面对国家政府时拥有巨大的机动性。[25] 金融领域也经历了极大的加速：交易在时间和空间上都受到压缩。东京、法兰克福和纽约之间的贸易在几分钟内执行，在几纳秒后完成。随着贸易量的稳步增长，交易方和（尤其是）交易工具变得多样化。

金融市场的价值创造不同于传统的生产经济，传统的生产经济通过向生产资料和劳动力付费而从所生产商品的销售中获取利润 —— 马克思用公式 M–C–M′ 描述了这一循环。而在金融市场中，人们购买金融工具是希望它们以后能够以更高的价格出售。商品的生产消失，货币可以直接带来更多的货币（M–M′）[26]。金融市场上的交易量现在是商品和服务业成交量的一百多倍。同时，这些金融市场在一定程度上已经形成自我强化的循环。随着衍生工具和打包证券 [马克思称之为"虚拟资本"（fictitious capital）] 的产生，事实上能够在证券交易所买卖的东西只有彩票。

生于奥地利的经济学家鲁道夫·希法亭是 20 世纪 20 年代魏玛共和国时期的社会民主财政部部长，他在 1910 年出版的《金融资本》（*Finance Capital*）[27] 一书中概括了德国银行业的发展。根据资本主义的发展过程，他分析认为金融资本将日益主导生产性经济，并最终决定政治——这在今天又恢复了一定的合理性。

## 投资不振

在过去四十年间，经合成员国的平均增长率显著下降。如果全球经济仍然能实现一定程度的繁荣，这首先要归功于中国、印度和巴西等发展中国家，是它们拉高了平均增长率。

罗伯特·布伦纳认为，发达工业化国家利润率的下降是全球经济"长期低迷"（long downturn）的原因。[28] 虽然关于利润率的实证研究依然很少，[29] 但其中大多数研究发现，事实上自 20 世纪 60 年代起，利润率便开始大幅下降。尽管 20 世纪 80 年代初利润率有所回升，但也未达到黄金时代的水平。[30] 取决于计算方法，大多数研究发现利润率在回升后又重新开始下降，在 2001 年互联网泡沫破裂后，利润率达到 1985 年以来的最低水平。之后，利润率在短时间内强劲上升，甚至暂时恢复到 20 世纪 50 年代的水平。在这个短暂的阶段，因为利润增长速度快于国民生产总值（GNP），企业得以重获惊人的收益，然而，在 2008 年金融危机发生后，利润率再次急剧下降（参阅图 2.3）。

**图 2.3 利润率变化情况（美国）**

*数据来源*: Tony Norfield, 'Derivatives and Capitalist Markets: The Speculative Heart of Capital', in *Historical Materialism* 20 (1), 103-32, 2012.

尽管利润率出现过上述几次短暂上升，但就资本主义的长期发展而言，还无法论及结构型复苏。即使在那些利润上升的时期，也没有出现过去的快速增长。其原因并不直接在于利润率的长期下降，而是在于一个中间量，即资本的"过度积累"（over-accumulation）[31] 问题。

马克思宣称资本家们的座右铭是："积累啊，积累啊！那是摩西和先知们……因此，节俭啊，节俭啊，也就是把尽可能多的剩余价值或剩余产品重新转化为资本！"[①, 32] 据几位学者说，在过去几十年里，资本家们做得如此全面以至于可以说他们抢夺了自己的饭碗。过度积累意味着资本的所有者无法再找到任何长期投资的机会来产生预期的回报。从某种意义上说，资本太多了，即使目前能获得足够的利润，经济行为主体也不再认为对未来的生意进行再投资是有利的。[33]

乍看之下，当下的投资会越来越少似乎有些奇怪。所有企业都面临着巨大的创新压力，但就生产力的长期投资而言，有许多理由对此持保留态度。市场或许会饱和，供应商可能过多，垄断或寡头竞争可能会阻碍市场成功，以及需求不足也可能降低利润最终**实现**的可能性。

与利润率的情况相反，当我们不考虑贸易周期的波动，会发现投资的下降几乎没有中断过。[34] 而这反过来又导致了增长的下降。

图 2.4 显示了在黄金时代，全球范围以及经合组织成员国的总投资占 GDP 的比例是如何飙升的。但自 1973 年经济进入

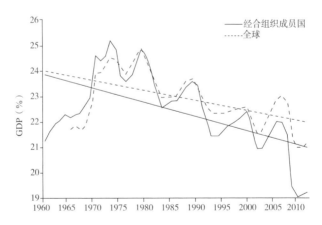

**图 2.4　全球及经合组织成员国总投资率变化情况，1960—2012**

数据来源：世界银行，由作者制图

长期低迷以来，该占比开始持续下滑，这一趋势在经合成员国之间最为明显。虽然投资水平普遍下降，但"成熟"经济体遭遇的问题尤其严重。自 20 世纪 90 年代以来，德国的净投资与利润的比例也大幅下降。[35] 在下一节中，我分析了为何即使面临加剧的竞争压力，企业的投资仍然很少。

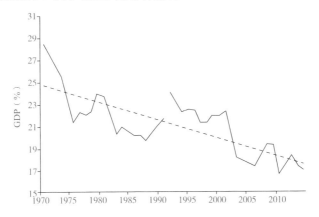

图 2.5　德国总投资变化情况，1970—2012

*数据来源：德国联邦统计局（Statistisches Bundesamt），由作者制图*

## 金融资本主义与增长危机

在自由资本主义国家（英国、美国），企业过去主要通过资本市场为自己融资。但从 20 世纪 80 年代开始，因为企业与银行之间长期密切联系的传统模式逐渐削弱，即使是在监管更为严格的经济体，尤其是德国，它们也日益依赖于金融市场。因此，特别是大公司开始受到"股东价值"（shareholder value）导向的约束，以实现股价的最大化。[36] 在过去的前金融资本模式中，公司仍然可以采用一种替代性策略，即发展公司并扩大其销售额。这一逻辑随后发生了实质性变化[37]——过去的长期性文化瓦解，企业越来越倾向于确保自己在短期内获得最大回报。如果收益率以前被视为经济表现的**结果**，那么收益率后来就成了以管理为前提引导企业的**目标**。这种新的管理形式的工具包括利润评估、预算编制、指标和利润目标的设定，这些工具以资本生产率为导向，由最高管理者按部门、工厂、利润或成本中心，甚至单个工作组进行细分。企业的主要部门都被外包出去。因为许多公司直接将这种竞争压力转移给供应商，连不直接依赖金融市场的中小型企业也采用了这种机制。[38] 简言之，金融化意味着信贷和资本市场的逻辑对生产经济的侵蚀，这是当今经济累积的结果，并最终形成了会计准则（统计的力量）作为控制的基础。[39] 几乎所有产业的企业都被金融资本主义的无声强迫所控制。

我将继续说明"股东价值"导向是造成不稳定工作增长的主要驱动力。但考虑到对生产型经济的长期投资被认为是有风险的，以及资本不再有耐心，而股票市场价值因此必须在短期内提高，[40] 所以首先有必要说明"股东价值"导向如何造成了投资下降。

就新的逻辑而言，正是关键生产领域的利润率太低，于是企业试图通过创新型金融产品的交易来寻求更大的回报。很快，他们中的一些人从原本生意之外的投机活动中获得了很大一部分营业额："甚至汽车公司也变成了附加生产汽车的银行。"[41] 对他们中的许多人来说，这是"最便捷的赚钱方式"。[42] 尽管存在过度积累的问题，不断扩大的金融市场仍然是可以赚钱的地方，因为其中的资本不是长期固定的，而是可以相对顺畅地流向下一个不错的投资，甚至流向发展中国家。这也导致了对经合成员国的投资较低，从而产生了后增长资本主义。

按照本文的分析，最常受到批评的经济问题在于金融市场与所谓良好的"实体经济"的"脱钩"，这些批评在很大程度上被证明是错误的或者至少是不准确的。利用金融市场上的短期价差，来实现所谓"套利利润"（arbitrage profits）的最大化，无疑是对冲基金、银行或个人投机者的首要业务，但金融资本的逻辑也蔓延到了生产性企业。其根本情况是反过来的：金融资本主义因实体经济利润率的下降而兴起。

投资活动放缓的另一个因素与"股东价值"导向有关。公司被要求报告尽可能高的利润，并支付尽可能高的股息，这意味着他们所创造价值的部分利润被注入了金融市场，而不是再投资。近几十年来，从生产转移到市场的利润份额稳步增长，特别是在美国。[43] 同时，由于管理层想要尽可能降低风险，与更新和增长紧密相关的创造性及累积性的革新进程已经衰弱，因为它们都带有一定程度的不确定性。[44] 最初，金融资本主义作为对增长危机的一种回应而出现，但现在其本身却已成为导致这场危机的一个原因。

即使出现了新的市场和新的技术，也无法阻止投资的下降。高科技和微电子技术已经近乎革命性地改变了经济和社会进程，[45] 但我们是否正处于一个"新机器时代"（new machine age）

的开端仍然尚待解答。在这个时代里，技术变革、数字化和经济连通将带来生产力的长期进步，并对经济增长产生持久的影响。[46]据说，未来机器彼此能直接进行交流，3D 打印机会使生产越来越个性化，机器人将接管更多的人类活动。此外，有人认为每隔几年就会有新技术出现，对市场产生"改变游戏规则"的影响，甚至拓展这些市场。

就此而言，保持谨慎是明智的做法。[47]到目前为止，互联网经济创造的价值保持在 GDP 的 3% 左右，这一比例可以而且将会发生改变，但数字化对推动生产力和增长的作用仍不清楚。互联网是一个典型的例子，它早在 1969 年就被发明了。手机直到 20 世纪 90 年代才出现；很长一段时间以来，计算机在办公室和家庭中都很常见；今天几乎每个人都拥有一部智能手机。然而，几十年前随着电话线路的普及，通信就已经出现真正的质的飞跃。在 1962 年，只有 14% 的前西德家庭有电话，但这一数字在二十年后上升到 88%。相较之下，移动电话的普及就没有带来那样质的改变。另一个例子是互联网时代的无纸化办公理念，许多人预计所有工序都会因为电子邮件的使用而加快，对纸张的使用将迅速减少。然而实际情况却恰恰相反 —— 出现了更多无用的交流，且通常都会被打印出来。

与智能手机、互联网、电子邮件及其他电子工具相关的技术革命迄今未能给经济带来可与第二次工业革命的创新（比如汽车和洗衣机）相当的生产力提升。这些发展如此平淡，甚至乏味，但远比数字经济创新对生产力的影响大。[48]近年来，增长的推动力是由中央银行的创新性货币和信贷政策产生的。

自 20 世纪 90 年代以来，政府一直试图通过低息贷款政策实现通货再膨胀以刺激经济。然而，这种增长最终被证明是资产价格膨胀和滚雪球般增长的债务的产物。[49] 债务上升也是所谓"私有化凯恩斯主义"（privatized Keynesianism）的一个因素。[50] 通过工资来稳定需求的经典凯恩斯主义 / 福特主义机制在金融资本主义下不再发挥作用，因为实际工资的增长无法跟上市场与生产力的扩张（见第四章）。私有化凯恩斯主义成为一种临时补偿工具，在功能上，个人债务替代了缺失的公共需求，甚至使工资很低的工人也有可能不断消费 —— 尽管这不可能永远持续下去。[51] 在一次英国顶级经济学家们于伦敦经济学院举行的会议上，伊丽莎白二世问道："为什么没有人预见危机的到来？"没人回答。[52]

甚至在房地产市场崩溃前不久，经济和政治精英们还在采取镇静性的自我暗示，说服自己现代经济政策已经终止了周期性复发的经济衰退 —— 这一主张得到了戈登·布朗等人的坚持。2007 年，在长达十多年令人瞩目的繁荣期后，这位英国前财政大臣兼短暂的首相宣布经济的大起大落已经成为过去。随着这一大胆预测的提出，他沿袭了惯有的、常在经济回升期能看到的模式。只要贸易周期比通常稳定的时间更长，就会造成 —— 这次情况将大不相同，繁荣之后不会再出现衰退 —— 这样一种幻觉。直到最后，就像其他任何一次一样，一场巨大的危机爆发了。[53]

这场距离今天最近的大危机始于 2007 年美国房地产泡沫破裂，并迅速发展为一场全面的金融危机。2008 年，美国银行雷曼兄弟倒闭，紧接着其他金融机构、保险公司和对冲基金相继倒闭；全球房地产市场崩溃，金融市场则处于崩溃的边缘。一如既往，金融危机之后便是全球经济危机。德国经历了战后最严重的经济衰退。从生产增长、股票交易指数和贸易等关键指标来看，始于2007年的危机可与1929年的暴跌和随后的大萧条相提并论；事实上，前者的崩溃在某些方面更为剧烈。两者之间存在惊人的相似之处：金融泡沫、结构失衡、许多储户被剥夺财产；贪婪、欺骗；以及最重要的，对系统稳定性的幻想。[54]

1929年大萧条时期，国际经济和政治精英们遵循着不干预的经济政策共识，没有人试图通过货币政策或扩张性财政措施来控制危机。相反，因为合并政府预算，经济不景气加剧。[55] 这是现在被称为紧缩战略的一种早期形式。在多年后的今天，一开始似乎是吸取了一些教训。在美国和欧洲，各国央行和政府协调多项措施以防止资产价格的进一步下滑和具有威胁性的信贷紧缩。最重要的是，实体经济的崩溃导致各国政府在2008年和2009年不仅要解救银行，还要采取反周期的措施来支持经济。[56] 用当时委婉的说法，即"提供"了过去难以想象的巨额资金。在许多国家，国家用以刺激经济的拨款占到了国内生产总值的2%以上。全球经济确实在一年左右的时间战胜了萧条，但并未恢复到危机前的水平。[57]

能如此快速地获得如此巨额的资金是非凡之举，毕竟以前人们曾确信金库是空的。然而，出乎意料的是，银行家和金融家不需要为自己掌握霸权的地位付出代价，他们几乎无一例外地得到了来自税收或政府信贷的资金救助，即使这涉及对资本率、所有权和管理结构规则的彻底调整。国际金融市场只受到了适度监管。

这场危机最终表明自己是新自由主义的一个机遇，因为在许多国家，对银行的救助导致了国家债务的爆炸性增长。[58] 因此，历史出现了新的转折，突然间主要机构投资商、银行和对冲基金发现他们重新成为掌舵人。通过与评级机构合作，他们对所有政府施加了前所未有的压力，迫使政府在资本市场上对自己进行再融资。政府首脑和财政部部长被迫比以往任何时候都更强力地将政策导向"市场"。紧缩政策的时刻到来了，它的关键措施包括巩固国家财政、减少官僚作风，以及公共服务私有化。这类政策确实在过去得到过实施 —— 各国在税收方面的支出早已超过了收入 —— 但现在这一做法被激进化了。[59] 这一次，与 1929 年后的情况相反，对政府预算的合并在危机爆发一段时间后才开始进行。[60] 同时，扩张性货币政策被用以稳定金融市场，促进投资。第一个目标非常成功地实现了，第二个却基本没有实现。削减预算和放松货币政策产生了相反且相互抵消的效果。采取紧缩政策意味着许多国家缺乏必要的增长。[61] 可以把这些年的经济政策比作司机试图同时加速和刹车。

即使不考虑紧缩政策，金融资本主义仍然是一颗定时炸弹。对银行、信贷或资本市场有效的再监管并不存在。从大危机的经验中吸取的教训几乎没有得到落实；金融投机、低利率造成的泡沫（尤其是房地产业），以及金融市场失衡，继续面临巨大的不稳定甚至新一轮崩溃的风险。从理论上讲，衍生品、做空、对冲等金融炼金术应该能将风险降至最低并提高透明度。[62] 但事实证明情况恰恰相反：因为如今金融市场和金融产品高度融合，相互依存，这些新的工具和操作实则将风险普遍化。因此，危机扩散到系统其他部分的可能性变得更大，出现重大危机的可能性总体上也更大。[63]

最终，无论是新自由主义还是金融化都无法阻止产生增长的源泉枯竭。当然，实体经济已经复苏，但这在一定程度上只是基于新的价值创造，并且反而导致了资产价格通胀的再度加速。虽然欧洲央行继续充当着一个几乎拥有无限储备的加油站，但由于欧洲经济仍处于动荡之中，其货币政策的成果非常有限。这些政策只助长了金融资本主义这一怪兽，但丁在《神曲》中的一句话很好地描述了这点："它在饱餐后会感到比在饱餐前更加饥肠辘辘。"②

1973 年，一个新的时代 ——"繁荣后"（after the boom）的岁月 —— 开始了。[64] 全球经济脱离轨道，并且从那时起，关于停滞和增长的讨论往往从以下两个规范的角度进行。一方面，人们坚定地认为动态增长是必要的，这也许是自由主义者、社会民主党人、保守主义者和左翼工会主义者都同意的唯一观点。"没有增长，资本主义经济中的一切都是无稽之谈。"[65] 自由主义者如卡尔·海因茨·帕奎（Karl Heinz Paqué）将增长视为社会发展的一项关键需求，除了创造繁荣，本质上更是为了解决几乎所有的社会问题。[66] 这种态度并不新，而是所谓"涓滴"（trickle-down）理论的一种变体，即只要有更多增长，并就此创造更多财富，最终这将渗透到所有社会群体。

另一方面，对增长的生态学批评认为持续的经济扩张是毁灭性的。[67]这些批评者表示，如果不受限制地继续增长下去，未来一切都将一文不值，因为地球将不再适合居住。"后增长经济"（post-growth economy）[68]的拥护者们抨击对资源的浪费，并呼吁建立一个没有经济增长的社会。

然而，这两种立场都没有抓住问题的实质。后增长资本主义正逐渐成为现实，但没有出现批评者所期望的生态变体。反而，一切都是为了带来新的增长 —— 包括对自然资源的持续消耗。在当今的后增长资本主义时代，生态可持续、增长和美好生活的定性标准等问题并没有过时；相反，所有工业化国家为促进增长所作的尝试在总体上有悖于人们不断提高的对可持续发展之必要的认识。然而，在政策讨论中，社会问题很少得到强调。在过去，增长是缓和结构性不平等的关键对策，因为生产力的提高通过向上流动促进了就业与社会整合。但如今在没有增长的情况下，随着收入与财富的发展和分配成为一场零和博弈，社会紧张日益加剧。[69]正如我们将在下一章看到的，倒退现代化进程开始，向下流动变得更为常见。

第三章

倒退现代化

现代性常常被等同于民主；它代表理性和启蒙，代表自由、自主和人权的制度化。它的特点是相信进步，相信可以通过社会分化的方式进化到社会的更高阶段。自由市场、合理化和官僚主义被认为应该保证个体的自由，而不受其社会地位影响。[1] 这至少是现代社会喜欢描述的规范性和功能性叙事。[2] 第二次世界大战后，现代化理论家认为繁荣和民主不可分离，并认为两者将继续共同发展。[3]

最初，现实如这些学者所言：在当时的经合组织国家，收入不平等性自 19 世纪末以来有所下降。[4] 然而，这种乐观情绪很快便被谨慎取而代之。20 世纪 70 年代是西方社会的一个重大转折点，从那时起，收入差距再次扩大。[5] 自 20 世纪 90 年代以来，现代化理论的另一个论点受到了质疑：民主与增长之间看似不可分割的联系突然不再不证自明，因为西方眼中没有民主的国家也在繁荣发展。此外，在西方社会，人们开始怀疑现代化是否能够在不消耗自身基础的情况下无穷尽地继续下去。自 20 世纪 70 年代以来，改变政治语义的不仅仅是经济危机，还有社会、政治和生态危机。如果说过去几十年仍以社会性计划的进步为特征，那么这些指导概念现在几乎完全从政治话语中消失了。[6] 现代化听起来不再是完全正面的，如果人们今天谈论进步，他们首先会认为现代化是一种威胁。早在 20 世纪 80 年代初，尤尔根·哈贝马斯就提醒过，系统性需求日益占主导地位会导致 "生活世界的殖民化"（colonization of the lifeworld）[7]。与此同时，他坚持认为福利国家和民主的持续存在取决于 "资本主义增长动力"（the capitalist dynamics of growth）不会变 "弱"

（weak）。[8]

乌尔里希·贝克在其"第二现代性"（second modernity）的概念中也采用了这种对现代性道路的新怀疑主义。[9]贝克将导致第一现代性的"简单现代化"（simple modernization）和引入第二现代性的"反身现代化"（reflexive modernization）作了区分：简单现代化被定义为向工业社会的转型，而反身现代化则代表现代化工业社会的"自我转型"（self-transformation）。[10]工业社会的传统现代化有可能在一定程度上自相矛盾，例如核能等新能源技术同时包含着危及生命的风险。财富生产的逻辑与风险生产的逻辑几乎已经完全分离。[11]反身现代化进程的一个重要驱动力是"副作用的副作用"（side effects of side effects）。而由工业化导致的环境污染所产生的副作用造成了新政治行为体的出现，譬如生态运动，其将再次推动新的现代化。

此外，在第二现代性中，国家政府、既有形式的有偿就业以及民主等现有制度都发生了变化，并且经常互相混合。例如，国家政府仍然存在，但由于同时以跨国行为者的身份出现而失去了国家效力。然而，贝克关于第二现代性的理论[12]有些言过其实，因为他将既存的趋势实体化，并将其视作划时代的中断[13]。转型变革并不像贝克所设想的那样激进。他所假设的有偿就业重要性的丧失（详述见第四章）实际并没有继续，而是恰恰相反。阶级社会完全消失、被个体不平等所取代，是一种妄想。阶级结构始终存在，在社会现代性时代只是受到了制约。

不过，如果我们从其暗含的理论目的中抽象出来，贝克的反身现代化理论是非常热门的话题，并对理解当代发展极为有用。不同于贝克描述现代性的自我转型，[14] 我在这里采用的步骤受批判理论的影响，通过"倒退现代化"（regressive modernization）这一自相矛盾的程式，[15] 强调内部矛盾和逆向发展。形容词"倒退"指当今社会落后于社会现代性所达到的社会整合程度。"现代化"（modernization）意味着我们并没有看到一个明确的倒退，倒退至低于据称更好时代所达到的水平。这种反现代化（比如表现为日益严重的物质不平等）实际上伴随着其他层面的解放性现代化（比如对某些群体歧视的减少）。[16] 然而，这绝不是新动态的基础，即使在许多情况下，倒退是与解放性规范的实行同时发生的。[17] 这是一个承载着内部倒退的进步，[18] 这种倒退通常（如果不是总是）会对下层阶级产生影响。

在本书讨论的几乎所有社会领域——议会民主制度、劳动力市场以及教育体系，都可以发现倒退现代化的种种症状。例如，近几十年来，受教育的机会大幅增加，过去受教育程度停留在中学阶段的人现在可以上大学了。然而，受教育年限的延长同时也降低了所获资质的价值，比如今天只持中学毕业证书便能得到的有保障的就业机会越来越少。就政治制度而言，假如公民参与的机会比以往任何时候都大，那么下层阶级的实际影响力则已大幅下降（最后一章将对此进行详细介绍）。如下一节所分析的，民主的政治参与被（劳动力）市场的经济参与所取代。

倒退现代化常常伴随着自由主义平等而出现。近几十年来最重要的成就之一是男女权利日益平等，以及次之的族裔血统的平等。在这两个方面，许多社会障碍都降低了，歧视也更少发生。然而，尽管在理论上这些进步是普遍的，但它们在特定领域对特定群体有着不同的影响，因此，它们的实行可能会产生计划之外的倒退效应。例如，女性参与劳动力市场的人数总体有所增加，但排在首位的职业是清洁、收银和护理。随着性别和种族权利的增加，劳动力市场的竞争总体上有所加剧。男性养家糊口的传统家庭性别分工已经衰弱，逐渐转向夫妻双方平等参与劳动力市场的双收入模式。然而（在后文中我们将回到这一点），在劳动力市场的较低阶层，如今夫妻双方能挣到的钱都变少了，因此家庭总收入有所下降。

因此，（经济）融合常常产生更多的不平等，而非更多的平等。据《议程 2010》（Agenda 2010）的拥护者称，该议程的理念是简化每个人对劳动力市场的参与，为进入劳动力市场提供便利，并让人们对自己的生活负责。[19] 其结果是更多的人可以更快、更直接地加入劳动力市场，但同时权利更少、安全性更低、收入更低。

倒退现代化的后果不能简单通过某种意愿的产物消除。尽管当然存在一些力量希望看到女性退出劳动力市场，回归家庭生活，但这样的恢复既不为社会所接受，也无法再次提高男性的收入。

接下来我所展示的研究结果与德国社会关键领域的发展有关。到目前为止，我们只能认识到倒退现代化的某些进程，这些进程尚未凝结成一个新时代的特征。这些趋势是否会影响整个社会，或者是否会导致真正的休止，目前仍不清楚。

## 新自由主义共谋

现代资本主义的运转离不开合作和个体的自愿参与，它不断成功调动新的动机和符合体系的行为。民众对市场机制的接受（至少部分接受）是社会稳定的基础，[20] 甚至倒退现代化的运转也必须以这种有意识或无意识的接受为基础。归根结底，这是一种超定的现象，由一系列不同的微观转变产生，不能归结为单一因素。与此同时，我们可以确定某些重要影响：人们根据社会规范和看法行事，但"社会行动者的日常活动总是以较大的社会系统的结构性为依据，并通过自己的活动再生产着后者"。[①, 21] 吉登斯认为，这些系统"结构化"（structure）了个体的行为。[22] 换言之，他们的行动取决于可选的选项。譬如，对许多工薪阶层来说，养老金在近几十年来并没有得到真正改善，如果有人关心他们的养老金，可以选择（由国家补贴）购买额外的私人保险（在德国被称为"里斯特养老金"）。在这个意义上，倒退现代化很可能建立在政治权力的运用上，但也正是以这样一种方式让人们成为这一变化的主体，使他们沦为共犯。

偶有从上层发起的公开的阶级斗争，目的是直接限制公民的要求和权利。在这些情况下，就像《议程 2010》（或者基本被遗忘的 1996 年病假工资之争）一样，[23] 旨在提高竞争力、吸引外国投资的"资本利益"（interest of capital）改革明目张胆。然而，更常见的是通过资本利益、自由化和主体化的新自由主义融合实现倒退现代化。新自由主义从根本上说是一种意识形态，因为经济理论强调的是利益的合理化。[24] 自由市场的激进思想掩盖了一种现代的、主要为资本所有者的利益服务的"阶级政治"（class politics）。[25] 但最终，这一观点只能解释为什么商人和一类特殊的保守派政治家发现他们的利益被新自由主义所体现，它使我们看不到新自由主义成功的症结所在。新自由主义通过抓住现代性的悖论，极为成功地建立了一种与对社会现代性的解放性批判的（秘密）共谋。这一悖论指：一方面，社会现代性抑制了资本主义的为难和不确定性；另一方面，由此产生的标准化、规范化和同质化的社会官僚机制阻碍了个体自主性的生成。[26] 凯恩斯主义灭亡后，市场似乎是分配社会资源的更有效机制，国家和国家干预或被打上官僚主义、低效和有缺陷的烙印。竞争和市场对国家的监督如今被视为现代形式的"治理"（governmentality）。[27] 新自由主义的价值观必须内化，正如撒切尔夫人明确指出的："经济学是方法，目标是改变心灵。"[28] 这主要通过建立一种新的、旨在以一种新的方式来管理自我的主体性来实现。[29] 新自由主义的权力是从下、从内获得的，通过创造激励机制让人们视自己为自然的自主和创业主体，并认为集体社会的解决方案和制度值得怀疑。

尽管新自由主义一直承诺自由，但它所宣称的实则是极权主义。市场是生活各个领域的最终参考：它被视为社会进程、个人思考和行动模式的中心机制。[30] 过去或多或少免受市场逻辑保护的社会领域（"去商品化"［decommodified］）再次遭遇市场逻辑（"再商品化"［re-commodified］）。这一政策通过多种形式表现，一方面是比如劳动力市场及福利国家的放松管制和自由化（下文将进行详细介绍）；另一方面是公共物品和公司的私有化，现已进入股票市场。大卫·哈维将这一过程称为"剥夺式积累"（accumulation through dispossession）[31]，因为最初由税收资助的公共物品已落入私人企业家手中，从而脱离了公共或民主的控制。[32]

然而，新自由主义得到了广大民众的认可，特别是在向上流动的中产阶级以及此前批评市场的政党和协会之间。许多追求个人主权的社会团体与社会环境欢迎社会自由化，或者至少有能力适应社会自由化。但这产生了一定的副作用：由私营养老金制度提供的养老金同时使福利国家的私有化合法化。另一个例子是减税。这些措施普遍受到中上层阶级的欢迎，尽管它们减少了国家用于再分配、基础设施等方面的资源。在金融市场上还可以观察到其他副作用。向上流动和中上层阶级的财富在社会现代性中明显增加，但这些钱不再同以前一样被用于习惯性储蓄，而是越来越多地被投入金融市场，形成了"集体布登勃洛克效应"（collective Buddenbrooks effect）。[33]就像托马斯·曼著名小说中的托马斯·布登勃洛克一样，人们偏离了可靠的保守经济行为道路，希望通过投机交易获得更高更快的回报。通过购买股票和进行金融投资，如今中产阶级为金融市场作出了贡献，使得金融市场变得如此重要，但他们自己却陷入了市场的波动之中，无论波动是向好还是向坏。[34]

六八运动的参与者和他们的后继者认为该运动是对"艺术批判"（artistic critique）的支持，艺术批判强调在既定规则面前的自主、自决和个人责任。[35] 然而，六八运动参与者的最初实际政治动力结合了这种艺术批判与针对不平等的社会批判。但在20世纪70年代，新自由主义通过强调艺术批判，中和工会针对纵向不平等的社会批判，成功地解绑了这一联系。[36] 因此，艺术批判成为新自由主义共谋的重要来源，它尤其侵蚀了工作和福利国家的核心领域。

如第一章所述，在社会现代性之下，雇佣劳动被赋予了人的属性，并部分地免于市场压力。建立正常的劳动关系对工薪阶层来说是重要的一步，这使他们有更多的机会来塑造自己的生活，虽然女性和外来移民常常被排斥在外。然而，这些正常的劳动关系仍然是一种管理手段。从工作时长到劳动保障，从工作分类到职业道路，似乎一切都受到计划和管制。福利国家的情况也类似。在被保守派批评过于昂贵和低效之前，它（尤其在左翼的环境中）被视为一个管教的机构。[37] 福利国家从来不是"安乐椅"；相反，它或多或少是一种用以适配工作、社会控制和顺从的隐蔽工具。

艺术批判认为受管制的就业乏味甚至令人窒息；相比之下，新的网络化的、基于项目的公司组织是一种解放。受艺术评判以及项目化的小组工作、工作轮换、灵活的工作时间和更广泛的直接参与启发，如今自决和个人责任已经成为劳工政策的组成部分。许多高技术员工非常欢迎管理层的这些举措，甚至在公司不采取这些举措的情况下主动提出相应的要求。在"新资本主义精神"（new spirit of capitalism）下，控制社会现代性的官僚模式和福特主义生产模式似乎已成为过去。安稳和保障被用以交换自主性，社会公正被用以交换更广泛的参与。[38]

　　为了在工作中获得更大的个人自由，工薪阶层被迫签订了一个浮士德式的协议。公司的确给予员工更大的自主性，但同时也诱使他们完成更高的绩效。工作内容变得越来越不明确，越来越主观——公司本身成为一种市场。[39] 比如，工作小组现在被认为是成本或利润的中心，就好像它们是虚拟市场上的自主创业部门一样。[40] 管理层不仅将工作组织移交给员工，而且还将对成本和效率的合理计算一并交给他们，员工被鼓励像企业家一样思考和行动。而这通常会对公司产生现实的副作用。比如，我的研究在工作内容涉及项目的受雇者中，发现了未被记录的加班：在正式的工作日结束时，他们会打卡下班，但同时立即返回办公桌继续工作。为了完成他们的项目，他们必须在正式的工作时间外，私下里自愿加班。

　　从新的企业管理形式中可以明显看出，阿兰·图赖讷（Alain Touraine）和丹尼尔·贝尔（Daniel Bell）在 20 世纪 70 年代提出的后工业化、知识型和人性化的服务社会的观点没有得到实现。[41] 以互动和交流服务为逻辑、认为可以通过自反和自决的活动使工作领域变得人性化的想法，已被证明是一种幻觉。试图通过服务工作实现人性化的失败，正是因为人的性格与人际互动已经成为一种新的主导资源。所谓"情感劳动"（emotional labour），即与客户的共情成为工作内容的一部分（比如护理工作），在工作过程中起主导作用。[42] 与客户的亲近不会自动让行动变得更人性化，事实恰恰相反：受雇者必须"服务于两个主人"（serve two masters）——雇主和客户。[43] 这一

"工人企业家"（worker-entrepreneur）的形象体现了现代主体性的矛盾构成。在企业家获得自由的背后，受雇者们面临着一种新的监督方法，其形式是永久的"自我控制"（self-control）和"自我节省"（self-economizing）。[44]

## 自由化的撒旦磨坊 [45]

新自由主义政治为与市场共谋提供了条件，这经常以经济自由化的方式发生。撒切尔夫人通过社会住房私有化，以期将其居住者转变为富有相应利益和行为的所有者。然而，私有化只是 20 世纪 80 年代开始并进行至今的自由化政策的一部分。这涉及将国家权力转移给市场，有目的地创建市场，普遍地加强竞争、自主性和个人责任，同时下放决策权。[46]

自由化尤其对公共服务产生了影响。在 20 世纪后半叶，这些领域稳步扩展。社会不应完全交给市场成为战后共识的一部分。在德国，与大多数欧洲国家一样，[47] 教育、卫生、邮递、交通、供水和供电等被视为社会基础设施的领域，成为国家控制的共同财产。虽然其中一些仍然掌握在公众手中，但自 20 世纪80 年代以来，国家和公共行业的大部分已经私有化。一方面，国家需要收益来减少债务；另一方面，上市公司不再被视为满足基本要求的机构。许多公民最开始欢迎这些私有化 —— 他们认为邮政服务等公共机构并非民主地为公众提供共同利益，而是具有普鲁士权威主义传统、不专业且无用的机构。在表面之下，大量人口的心理发生了结构性转变。现在，人们主要从"客户"（client）的角度来看待公共服务。与隐匿的没有名字的官僚机构相比，同样匿名的市场往往看起来更友好，甚至更具解放性。

我们在这里特别感兴趣的是私有化的影响。社会管制的公共服务行业以近乎理想的形式体现了社会现代性。集体谈判为工资以及员工福利提供了保证，工人们可以指望终身性的就业、即使增幅不大但定期的涨薪，以及其利益的稳固代表。依靠经验、资质或业绩，是可以实现公司内部晋升的。[48] 私有化废除了公共行业对社会现代性的保卫。没有其他任何一个部门的标准，受到公共部门这般剧烈的侵蚀；也没有其他任何一个部门，其被统一监管的劳动关系和共同决定的结构，像公共部门一样变得如此支离破碎。因此，私有化浪潮，特别是 20 世纪 90 年代以来的私有化浪潮，代表着"与战后干涉主义福利国家的运作方式的根本性决裂"（fundamental break with the modus operandi of the post-war interventionist welfare state）。[49] 一种新的"肮脏竞争"（dirty competition）也常常以整个产业部门的形式出现，且没有工会谈判。即使在大学和医院等传统公共服务雏形得以保存的机构，也发展出类似的压力。在这里，竞争原则被引入，许多服务被外包、转移到外部和一般私人供应商 —— 再次造成低工资和缺少工会代表的后果。[50] 就这样，自由化，特别是私有化，成为向下流动的推动力。

## 被市场支配的后民主

现代民主的症结最初在于它平等地反对了资本主义所导致的不平等现象。"民主需要一定程度上的大致平等，来真正能够影响所有公民的政治结果。"[51] 因此，社会现代性和民主最初做到和谐发展是毫不奇怪的。同样，当时受欢迎的社会民主党总理维利·勃兰特在 1969 年提出他著名的"敢于争取更多民主"② 也不是偶然，社会现代化在当时即将达到全盛时期。

然而，不久之后，批评意见中出现了对未来民主前景越来越多的怀疑。20 世纪 70 年代，这些批评尤其针对晚期资本主义的"合法化危机"（legitimation crisis）。对此，哈贝马斯在 1973 年出版的这本书（1976 年出版英文版）中作了很多讨论。在他看来，国家日益增多的行政干预导致了民主合法性同样日益严重的缺乏。哈贝马斯对这场合法化危机的分析存在经验上的缺陷，尽管并非完全错误。抗议的总体水平的确明显上升，范围也有所扩大。但总体而言，民众的普遍情绪与此不同：前西德公民对社会市场经济、福利国家和民主表示满意。即使越来越多的人在议会之外参与公民倡议，他们仍然对民主制度表现出极大的信心；参加投票或投票给两个主要政党的人数从未像 20 世纪 70 年代那样多。相对多数的公民甚至认为社会状况"大体上是公平的"（by and large fair）。1973 年，这一比例为 44%，而42% 的人认为不公平。1979 年，认为公平的人数比例甚至上升到 50%，而认为不公平的比例下降到 36%，但在 20 世纪 90 年代，这些数字几乎完全翻转过来。[52] 哈贝马斯与他志同道合的同事克劳斯·奥菲在《资本主义国家的结构问题》（*Structural Problems of the Capitalist State*）[53] 中进行具体分析时也犯了错。但他们在对某些问题的认识上是有远见的，而这些问题会随着民主的推进暴露出来。他们分析了主要政治组织中各种形式的去意识形态化、日益严重的官僚化以及寡头政治。这导致政党放弃了最初的目标——支持更广泛的跨阶级联盟，成为人人共享的政党——而最终只是为了争夺权力。如今它们脱离了原来的基础，只留下了松散的联系。[54] 其结果是公共领域发生了结构性的变化，这一变化旨在"提高大众忠诚，但避免大众参与"（diffuse mass loyalty—but avoids participation）。[55]

奥菲和哈贝马斯在 20 世纪 70 年代所作的反民主化分析放在今天似乎更有道理。政治受公民影响越来越小，离公民同意越来越远。这是科林·克劳奇（Colin Crouch）用其著作《后民主》（*Post Democracy*）开启的辩论核心。克劳奇将现代议会和代议制民主视为一种制度，在这种制度中，形式上的自由选举仍然存在，政府可以被选举淘汰。后民主不会通过限制性选举权将下层阶级排除在外，其过程更加微妙：民主体系从内向外逐渐被挖空。公民失去了对政治决策的影响力，而政治说客、经济精英以及（尤其是）跨国公司，则在不断强化自己的力量。工薪阶层和工会成了边缘的社会行动者，而精英阶层则获得了更多特权。

在后民主时代，政党扎根于更广泛人群的程度急剧下降。虽然他们仍在执政，但代表性越来越低；他们仍行使权力，但较少通过社会抗议来表达。[56] 议会不再代表人民利益及需要，而成为我们经常听到的"政策已由行政部门和公司决定"（the presentation of policies already decided by the executive and corporations）。[57] 由此得出结论，后民主因此成为"民主之后的民主"（democracy after the demos）。在后民主中，国家机构进行自行治理。[58] 在一种"后政治"（post-political）共识中，政治冲突通过专业知识、法律的规范及物质约束得以进行，而矛盾与社会对立则越来越被忽视。[59]

结果，民主变得自相矛盾。尽管公民强烈坚持民主的理念，他们对实际民主进程的期望却越来越低。在议会形式之外，民主参与的机会甚至有所增加，民主规范也变得激进。[60] 公民倡议以及公民投票和批评性舆论的扩大，极大地补充了许多方面的传统民主程序。[61] 然而，这种参与的正式扩大是高度不对称的。心怀忧虑的公民齐声唱着中产阶级的歌：主要参与者是收入稳定、受教育程度高的群体；弱势群体则有弃权的趋势。就业不稳定的人投票的频率更低，换言之，不平等导致富裕阶层的影响力不对称地增加。[62] 这相当于社会现代性发展的逆转，在这一趋势中，民主参与本应带来更大程度的社会平等。[63]

最终，后民主就像新自由主义一样，变成阶级政治的幌子。下层阶级缺乏参与只是一种新的、占主导地位的、政治经济特权阶级的反面。[64] 后民主的阶级基础常常被忽视，因为在公开辩论中，社会阶级通常等同于特定的外部文化特征。但"社会阶级不再存在的当代政治正统观念本身就是后民主的一个症状"。[65] 阶级是一个相对的概念，集中于经济地位以及特定群体获得政治权力的途径（见第四章）。而正是经济地位与政治权力之间的这种联系变得更加紧密。我们也可以说，政治已经从"中心民主"（democracy of the centre）转变为"精英民主"（elite democracy）。统计上的正态分布暗含了多数民主模式的起点。[66] 在这些模式中，中位数选民，即正态分布中心部分的选民决定政府，并据此决定政策方向。这个政治的中心本应表示一种均衡和平衡，但到了20世纪初，意大利自由派经济学家维尔弗雷多·帕累托（Vilfredo Pareto）认为，80%的财富其实集中在20%的人口手中（以现在的观点看来，这是一种低估）。此外，他认为真正的代议制民主是一种幻觉；统治精英最终总会出现。[67] 在帕累托看来，民主是来自精英、服务精英的民主。

这就是为什么我们正在经历一场政治上的根本性结构变革，一场从客观到主观、以市场支配为特征的变革。特别是在1929年危机及其后续事件发生后，受欢迎的政党在社会现代性中的政治诉求在于对市场的监管和限制。社会民主党派很可能已经不再梦想社会主义改造，但他们仍然相信反市场政策的可成功性。[68] 面对新自由主义和资本反抗、全球化与区位竞争，政治越来越被迫视自己为服务于市场、代表市场利益的政府。[69] 用安格拉·默克尔的话来说，民主已经变得"遵从市场"了。

## 福利国家与社会权利

福利国家在刚达到顶峰后，就开始衰落。转折点是 1973 年的经济危机。在这次经济危机前不久，福利国家一直在扩张，并且在总预算中占了前所未有的比例。然而，随着失业率的再次上升，社会支出也随之上升。这加速了国家债务，直到一个新时代开始。在这个新时代中，福利国家面临着整合的长期压力。[70]

在新自由主义看来，福利国家是重获增长的最严重的阻碍之一。如今福利国家不仅代价过于高昂，而且被认为是无效的，因为它的福利服务让人们镇静下来，消除了人们负责任地行事的推动力。中产阶级对受惠者心生敌意；他们不应该依赖福利国家，而是可以私下照顾自己。因此，作为一种制度，福利国家不再被视作一种针对所有就业者和公民的集体保险，而成为强者和勤奋者赠与弱者和消极者的礼物。[71]

20 世纪 80 年代的变化带来了连续二十年的削减。一开始，福利国家只是边缘部分被削减，而基本结构依然保持明显稳定。[72]然而，到了 20 世纪 90 年代，长期失业给国库带来的负担大大增加了改革的压力。[73]德国社会政策新时代的转折点是 1998—2005 年"红绿"（red-green）联合执政。"社会政治反改革"（sociopolitical counter-reformation）始于联合执政的第一个任期，其间部分私有化的退休保险被引入。[74]但福利国家的真正转变始于 2003 年，时任总理格哈德·施罗德发表演讲，宣布了他的《议程 2010》（Agenda 2010），拉开了"1949 年以后福利服务被最大幅度削减"的序幕。[75] 削减是痛苦的，而《议程 2010》改革最为决定性地标志了社会现代性的结束。

"现代劳动力市场服务第四法"因其前身大众汽车人事总监彼得·哈茨（Peter Hartz）而被称为"Hartz Ⅳ"。这项法案包括将失业和福利合并为同一支付流（"ALG Ⅱ"）—— 一项现行的劳动力市场政策 —— 将 55 岁以下失业人员的失业工资期限（ALG Ⅰ）从 36 个月减少到 12 个月，放宽资格标准，降低小公司解雇的门槛。就业者们现在不得不担心在失业 12 个月后福利会减少，尤其在采用低收入的审查标准时。在之前的社会现代性中，虽然存在向下的流动，但更容易扶阶而上。现在，这一阶梯更陡了：下降变得更容易，而再次上升则变得更难。

在改革后的福利国家，通过有意引入公民能力和参与的解放观念，家长主义的保护原则理应实现了现代化。"需求和鼓励"（demand and encourage）以及"激活"（activation）是福利制度改革的格言。[76] 然而，这些现代化导致了社会公民权利的减少。在社会现代性中，这些影响极为深远，并且不可分割；如今，它们与义务的履行紧密相联。福利津贴的获得者不再是拥有法定权利的公民，而是二等公民，国家与他们订立合同，以约束和激励他们。[77]

自由化的逻辑使市场成为供应方，福利服务被削减并被部分转移给市场（成为"福利市场"［welfare markets］的一部分），而国家则后退至只负责基本保险。[78] 然而，这种倒退现代化不等同于一边简单地减少国家活动，一边扩大市场。即使是福利服务市场或私人机构，也需要有效监管的公共之手。[79] 这一问题无关乎市场修正政策，而在于为市场作准备的国家活动。

对就业者们来说，这意味着福利国家内部框架的根本性变化，即倒退现代化将社会保障"去集体化"（decollectivized）了。[80] 现在每个人都被要求负责任地行事；这种责任不再意味着拥有自主负责的生活，而是基本成为社会纪律的代名词。个人责任现在是一项公民义务。[81] 根据这一标准，所有不符合自由主义责任要求的人都被"审判"并"被判有罪"（found guilty）。[82] 总之，这相当于向威权自由主义过渡，限制个人权利，而非有利于整个社会，即总体福利。[83] 只有那些尤其是来自中上层的人，他们的行为遵守规定，并且不向福利国家提出要求（换言之，他们成功地应对了个人责任的挑战），才能摆脱新家长主义的刺激，并在自主性上有所获益。

## 劳动力市场和经济公民权

工作领域的转变由两方面推动：一是工作和劳动力市场本身的社会调节（比如由福利国家推动），二是生产和企业管理的变化。[84] 如前一章所述，金融资本主义通过"股东价值"（shareholder value）管理对公司产生直接影响，进而对人们的工作产生影响。随着企业以市场为中心的路线和生产规范进行重组，它成为新的生产模式的驱动力。[85] 这种变化以一系列公司政策为标志：提高灵活性、将风险外部化，以及降低成本。

在福特主义时代，公司仍然相对不受市场波动的影响，但现在生产战略与日益动荡的市场几乎紧密相联。公司的周期缩短了，生产变得专业而灵活。[86] 在以"股东价值"为导向的背景下，为了获得预定的利润率，同时应对市场销售渠道的不稳定，公司的员工配置被重组。过去，公司针对计划生产的周期性平均值制定策略，即所谓"中线人事政策"（personnel policy of the middle line）——而现在，公司针对产能的下限作决策。[87] 管理需要的固定员工越来越少，灵活就业的员工比例越来越高。一旦有危机发生，灵活就业的员工会面临被"关闭"——这是许多德国公司迅速甚至立即解雇员工的行话——的可能。[88] 在这项政策之下，长期工作的员工主要由关键的技术职位组成，其他所有职位都由不稳定的短期派遣合同和分包员工填补。如果这种发展对融入世界市场的大企业产生了特定的影响，那么在许多其他类别的公司也可以看到类似趋势。比如在零售和服务行业，对派遣和外包人员的使用逐渐破坏了固有的工资率，并将成本和风险外部化。过去，在福特主义下，在某种程度上存在一个类似集成的制造过程，在这个过程中，技术工人和食堂厨师是同一家企业的一员，拿着集体商定的工资。如今，这样的企业模式越来越像一个"碎片化的工厂"（fragmented factory）。它的边界不再由车间的墙来界定，而是成为一个由差异化的价值创造系统构成的网络，[89] 由若干半自治的利润中心、有着不同工资但共同确定的条件的独立工作场所，以及最重要的——在异质且日益不稳定的情况下的合作者——组成。

"现代劳动力市场服务"（modern labour market services）法律（"Hartz Ⅰ、Ⅱ"）使兼职工作和派遣用工自由化。值得一提的是，后者废除了"同时性"（synchronization）和解雇的禁令（在此之前，中介只在客户公司特定工作期间雇用工人是非法的）。[90] 接下来几年里，派遣和低薪工作的兴盛是这些措施的直接后果。除此之外，工作不稳定的就业者，尤其是派遣和分包商员工，在就业上被视为二等公民。[91] 对于派遣工来说，这一点尤其明显。在正式的法律术语中，尽管 2001 年《就业法》的现代化赋予了这些工人更多的共同决定权，但实际上这些权利受到了限制：在派遣机构，他们与其他就业者享有相同的权利，但在他们实际工作的企业，他们只有非常有限的参与权，这一情况可能会持续数年。作为"物质资源"（material resources）出现在资产负债表上，他们没有免遭解雇的保护，并且往往只得到同一职位固定员工的一半收入。在劳动和健康保护方面，他们也处于劣势。结果，他们陷入了一种新的依赖，例如，收入太少，以至于其收入无法满足其需求，他们被迫寻求国家的更多支持。因此，减少国家对劳动力市场的监管会导致社会政策干预的增加。此外，派遣工还会经历一项贬低身份的经济状况调查，以证明他们仅靠收入无法勉力过上不错的生活。

最重要的是，使用派遣员工会削弱工作委员会，同时让委员会承担更多任务，进而损害企业内部的共同决定。[92] 在下一章中，我们将更仔细地研究这一推诿过程，特别关注经济公民权，即集体谈判权和工作期间权利如何被侵蚀。集体谈判制度已经被刺破了几十年；它失去了作为一个去商品化机构的影响力，成了市场机制的推动者。[93] 受雇者放弃了部分传统的社会伙伴关系形式，试图绕过工资协议。[94] 工作和企业委员会的利益代表性也在下降。2014 年，只有 28% 的前西德员工和 15% 的前东德员工仍在有着行业工资标准以及工作委员会的私营企业工作（1998 年分别为 39% 和 25%）。[95]

拿我从 2008 年以来多次研究过的一家大型德国汽车制造商举例，其清楚地表明了上述发展。[96] 该工厂是欧洲最现代化的工厂之一，在 2005 年开业时已经展现了"股东价值"管理的精神。这是一个所谓"呼吸工厂"（breathing factory），可以对需求的变化作出快速灵活的应对。[97] 其场地为综合供应商提供了足够的空间，其车间可以灵活扩展。在正常员工中，30% 是派遣工，一旦出现危机，他们可以立刻被"切断"（switched off）。比如，在我对其进行研究时，大约四千名员工中只有一半是公司本身的员工，其余的要么是派遣工，要么是受雇于其他企业的员工。一方面，该公司的固定员工享有相对较好的待遇：他们的工资是集体协商的，他们的合同给了他们一些额外的福利，他们有一个强有力的工作委员会；另一方面，经过工会和工作委员会多年的斗争，当时受雇的一千多名派遣工直到最近才在基本工资和工作条件上正式获得与核心工作人员平等的条件，但仍然没有获得奖金和其他津贴。[98]

即使在实际的工作场所，外包商员工也处于一个平行的空间，其边界用一条蓝线在实地上标出，物流公司在这里将新的生产材料运送到传送带和工作站。这家公司是一家分包商，汽车公司的员工和外部企业的员工之间不允许合作，而后者的处境显然更糟。在其他情况下，则存在一种隐藏式合同。因此，无论是物流公司的员工，还是汽车公司和派遣工，都不应该越过蓝线（但在现实中，这种情况当然时常发生）。

距离这家工厂几百米远的地方是另一家装配厂，由另一家供应商从主营公司租用，在那里生产车轴。供应公司本身在现场只雇用了 34 名工人，主要是工程师和高技术工人，其中包括 10 名来自该公司下属派遣机构的员工。然而，有 470 名临时职工在组装车轴，他们来自 7 家中介机构。主营公司作为一家领先的汽车生产商，其工作条件先进，甚至堪称典范：移动岛台取代了传送带，每个岛台上都有一个车身站在液压平台上；其大小由计算机调整以适配装配者的体型，因此符合最高的人体工学标准；装有弹簧的木地板也一样。但在两百米之外的车轴组装地，情况则大不相同：装配线作业，没有空调，地板是混凝土的，也没有人体工学措施，钱更少，社会福利也更差。

在这一特定的案例中，一组派遣工成功成立了一个鲜与不稳定就业者产生交集的工作委员会。然而，该委员会对派遣工只有共同决定权。换言之，他们可以影响管理其工作的办公室的工作条件，但无法改变他们自己在实际工作中的工作条件；这是工作委员会的职责所在。但反过来，这一委员会又由上文提到的工程师和管理者组成，他们对一线工人的需求几乎不感兴趣。

因此，总体可以被视作一种独特的等级制度，在这种制度中，受雇于较低职位的人处于明显的不利地位。汽车制造商的固定员工享有最高水平的工作保障、最优渥的工资，以及民主参与公司的最大机会。在主营公司工作的派遣工享有固定员工这些工资条件的一部分，但为供应商工作的员工及其雇用的派遣工则不享有这些工资条件。

这里描述的例子也许极端，而这些条件并非通则，但它肯定不是唯一的。在许多其他行业，比如零售业，也有类似的趋势。此外，在食品行业，尤其是肉类包装，我们也经常发现更为明显的类似情况。在这一行业，有时只有十分之一的工人有固定合同。在我所研究的一家工厂里，约 600 名职工中只有 184 名是受到直接雇用的员工。[99] 这家肉类包装厂的大多数工人是罗马尼亚人，受罗马尼亚企业的正式雇用。根据德国当时的规定，他们在德国无权享有任何福利权利。工厂的工作委员会承担着过重的负担，几乎没有人代表罗马尼亚工人的利益；就连工头也感觉到了这一欠缺。违反规定的情况常有发生；由于语言障碍，沟通难以实现。最开始，外国工人甚至不被允许与德国本地工人交谈或是与他们合作，因为这会相当于一份隐藏式的合同。

这种模式并不只涉及低技术工作。在个别工厂经历螺旋式下降外，非典型就业形式带来的灵活性也影响到了高技术工作的领域。IT 和工程服务都越来越受制于派遣用工。在软件业和汽车业中实行的"众包劳动"（crowd-working），越来越频繁地取消明确界定的工作；这给关于"固定就业终结"（end of fixed employment）的猜测火上浇油。[100] 近年来，在汽车行业增长得尤为突出的是有助于开发新车型的工程服务。工作委员会不断报告，许多新面孔会突然出现在工厂的食堂，再在产品周期结束时很快从现场消失。然后，承包商会继续进行下一个开发项目。起初，能够参与各式的工作，迎接新的挑战，工程师们常常对这种游牧生活感到满足。然而，在某个时刻，他们的观点发生了变化。流动和漂泊无依的状态成为问题，对体能的要求也越来越难以承受。最终，他们往往会发现自己迫切需要一份固定的工作。

在社会现代性中，经济和社会公民权利得到普遍化，被扩展到更多的群体。这改善了许多行业工人的状况：通常，非技术工人拥有与白领员工相同的共同决定权和工作保障。[101] 现在，这个过程已经被逆转。

## 双重个体化

个体的自由发展，即其作为责任主体的能力，是现代社会的一个关键价值。就目前的形式而言，这是物质、社会和精神层面发生的变化相互影响的结果。社会现代性加速了这一进程（见第二章）。更高的收入和更多的空闲时间意味着更大的行动空间，并使人们有可能摆脱他们所沿袭的社会处境。传统的社会关系、家庭关系，以及尤其是所属阶级的标志，失去了它们的集体特征，取而代之的是个体化的价值观、行为倾向和轨迹。[102] 在倒退现代性中，正是这些发展趋势得到了加强，而日渐增强的商业化造成了普遍的个体化。因而，一种自相矛盾的情况出现了。福利国家使个体化首次成为可能，但现代个体对这些社会机构仍旧高度依赖（见第一章）。

如今，历史已经翻页。作为个体行事、努力从僵化的社会秩序中解放出来的推动力不再来自公民自身，相反，个体性成为社会施加在公民身上的当务之急。法国社会学家罗伯特·卡斯特认为这一变化会对个体性造成双重影响。[103] 根据诺博特·伊里亚思（Norbert Elias）的表述，卡斯特认为我们今天生活在一个纯粹的"个体社会"（society of individuals）[104] 中。在这个社会中，假设了一种好竞争的个体性，而按照这种假设行事的压力越来越大。对许多中产阶级来说，这没什么；他们能够利用这一发展带来的机会并从中获益，因为对他们来说，从集体安排中解放出来，实际上意味着更多正面的自主性和责任。因此，他们往往对自由化持肯定态度，唯我地视自己为寻求机遇的人，[105] 从而迫切地成为自我陶醉的"过度个体"（excessive individuals / *individus par excès*）。[106] 而那些更多的无法跟上自由主义漩涡的人，他们没有相同的资源供其支配，并且往往缺乏自主性的基本前提，成为"普通个体"（mere individuals / *individus par défaut*）。对他们来说，自由化和日益增加的社会不确定性确是威胁。随着福利国家的去集体化，向下流动的危险越来越大，与此相关的污名化也越来越严重。失业、低工资、贫困、暗淡的前景，等等，以前都不被认为是个人缺陷，而是一个阶级共同的集体命运。阶级环境繁衍并延续了"持续性的反解释，以及保护和支持的形式"（sustaining counter-interpretations, forms of defence and support）[107]。通过个体化，过去的集体命运变成了"市场个体"（market individual）的个人命运。而社会对教育的依赖则强化了这一过程。教育可能是一种普遍的价值观，但它也带来了新的障碍。到头来，只有极少数人能够获得真正的机会，并对其加以利用："最后，出现了两个世界，一个世界里有着广泛的人生机会，另一个世界里却是被排斥。"[108]

与人们通常预期的不同，个体化并没有带来自主性的普遍提高，抑或生活方式的更多样。真正的自主性意味着个体能够选择一种违背社会规范的生活方式。然而，个体化已经被扭曲成"一系列情感僵化的诉求"（an emotionally fossilized set of demands），而"在一生中追求自我实现的理想，已经发展成为一种意识形态和生产力"。[109]自主性的提高作为自由化的推动力，表现出来的正当性和不安全侵蚀了社会团结的基础。对市场的愈发依赖逐渐产生一种适应性，在这种适应性中，个体性只表现在被弗洛伊德称为"对微小差异的自恋"（narcissism of small differences）中。这样一来，个体化日益失去其解放性，而成为一种挑战、对一些人的不合理要求。它甚至可能变得病态，因为社会性本身是被否定的。

## 公平：前进一步，后退两步[110]

在社会现代性中，阶级妥协被制度化；社会权利主要源自工作，而公平意味着减少社会不平等。正如社会公平的批评者经常反对的那样，这个问题无关乎结果的平等，而在地位的改善，这被弗朗索瓦·杜贝（François Dubet）称为"地位平等"

（equality of position）[111]。

在杜贝看来，社会公平对应的是在收入、生活条件、社会保障、获得社会服务等方面社会地位的不平等结构。例如，收入较低的人或许没有能力负担得起度假的费用。社会公平的推动力是纵向的，对应社会的阶级结构。公平由社会升迁产生，这种升迁是"相对的社会平等所产生的间接结果"（an indirect consequence of relative social equality），并使实施择优原则和接受教育成为可能。[112] 但与此同时，在杜贝对公平的理解中，其他的不平等，比如性别或种族之间的不平等，几乎没有出现。

在倒退现代化出现后，人们重估了关于公平与平等的讨论。目前普遍将其描述为一种激进的机会平等。[113]

在这种情况下，公平与其说是减少纵向不平等，不如说是消灭由文化特征决定的横向歧视。[114] 这场讨论中的关键概念不再是社会不平等和剥削，而是平等的权利和身份。比如现在的机会平等是为了改变过去许多职位只为男性保留的现实，让女性享有同等就业的机会。不同职业岗位之间的垂直差异，比如大型企业的女性经理和保洁公司的低薪女性员工之间的差异，在这场讨论中几乎看不到身影。当然，这种转变的问题不在于推动改善女性在劳动力市场的地位。其问题在于，目前的平等政策只针对了这一个问题，激进的机会平等将公平压缩到只剩下包容和待遇平等的横向逻辑，而再分配的纵向逻辑则逐渐被抹去。[115]

这种激进的机会平等同样也造成了独特的、自相矛盾的倒退。虽然每个人都应该有相同的机会（比如工人阶级的孩子也可以达到最高的社会地位），但因为高位的数量有限，这一政策也带来了劳动力市场竞争加剧的副作用。因此，实际的机会平等甚至被进一步压缩。即使在一个形式上平等的体系中，家庭富裕和父母受教育程度更高的子女仍然拥有更好的发展前景。特权可以通过圈子和其他不显眼的讯号，在无形之中得到继承。对于最高位尤其如此。正如布迪厄在他的区隔（distinction）理论中所展示的，那些条件更好、有着高等的上层阶级惯习的人，往往会将下层阶级中不那么高雅的成员挤出他们的圈层。[116] 通常，那些最终身居高位的人本身就是精英阶层的子女。[117]

如果所有参与劳动力市场的人都拥有相同的机会，继承自父辈的社会不平等就不该再产生任何影响。从理论上讲，只有天赋、成就、精力以及技术水平，可以决定最后的结果。这是以"纯粹社会流动"（pure social mobility）[118] 作为理想的选贤任能原则。因此，机会的平等是个体化社会的公平原则，它激化了自主性、个人责任和自我实现，同时加剧了个体之间以及群体之间的竞争，而最终侵蚀了社会交往和社会团结的纽带。

按照这种"公平竞争"（fair competition）模式的逻辑，人们在纵向上所处的不同位置，至少从理论上被简化为业绩和表现的结果。这样就形成了一种幻觉，一个机会平等的激进概念所包含的悖论：虽然个体比过去任何时候都更有机会接触劳动力市场，但市场效益却比过去任何时候都更少根据业绩表现原则进行分配。

从历史角度来看，这种绩优原则在语义上和实际中都存在争议；在一个长期以来以严苛死板的社会分化与贵族特权为标志的世界里，该原则的实施体现了资产阶级的上升崛起。当时，所有权、收入和社会地位既不取决于地缘背景，也不取决于肤色或性别等类别特征，而是取决于一个人的个人工作和表现。绩优原则假设个人努力与预期回报之间存在关联，并就收入、社会地位等因素给出了这种回报应该达到的标准。但近年来，这种公允的绩优原则已经变得空洞，取而代之的是一种只看结果、不看努力的成功文化。经济政治精英被视为高表现人才，而绩效高低正是由他们的成功来界定的。在这种以自我为参照标准的骇人行径下，衡量成功与否的关键标准变成了成功本身。[119]这样一来，经理之所以是高表现者，是因为他们在社会等级中所处的位置，与他们的实际成就全然无关。而一名每周工作七天、工作负责专注的医院护士，并不被视为一名出色的表现者，因为她没有实现类似的金钱上的成功。

简言之，当一个社会越是建立在机会平等的基础上，它就会变得越不平等，而这些不平等也就越合理。虽然绩优原则的正当性正在不断被削弱，但每个人都应该享有同样的机会：失败者是那些应该失败的，成功者是那些应该成功的。现代性原则即使存在，往往也只剩下空壳。

## 社会公民权的倒退

上文讨论的倒退现代化现象，整体给公民权利带来了深远的变化。其影响涵盖了民主权利、市场个体的发展，以及福利国家和社会公平的去集体化。就这样，左翼对官僚主义和社会现代性的批判"以一种不合常理的形式"（in a perverse form）得到应验。[120] 对官僚主义和标准化的艺术批判，最终被用来拆除社会现代性的整座大厦。[121]

虽然在社会现代性中，公民的政治、经济和社会权利的扩张达到了一个高点，但这些权利正被倒退现代化的力量掏空，并成为向下流动的因素之一。然而，这一过程的发生在时间上并不对称和均衡。当今的政治文化有选择性地变得更自由，个体平等意义上的政治公民权利取得了进步。我们可以说，在横向上——在不同性别之间、不同性取向的个体之间，甚至在某些方面不同种族、群体之间——就权利而言，社会变得更加平等和包容。但与此同时，社会服务受益者所受到的严苛对待变得更为严重。[122] 政治平等伴随着加剧的纵向不平等甚至歧视，社会和经济权也受到限制。

虽然社会公民权还没退至19世纪前福利国家时的零点，但它再次以市场自由主义为基础。因为虽然集体的社会权利遭到了破坏，但新的个体权利已经确立，比如加强了个体作为消费者或企业家的地位。[123] 通过这种方式，国家公民权被重组为个人市场公民权。[124] 在最极端的规划下，不再需要全面的福利国家甚至广泛的公共服务来确保民主的存在。

市场公民是一个新的拥有特定权利的社会角色，其权利包括政治平等、消费者保护、财产权、免受歧视。但归根结底，市场公民权最多不过是消费者作为个体所享受的法律平等，而这种平等在分配市场收益上产生了更大的不平等。市场公民在本质上不再是公民，而是作为拥有权利的顾客 —— 倒退现代化下的最理想主体 —— 来面对全方位竞争的陌生规则。[125]

　　社会公民权的倒退也对民主生活和民主生活的平等设想产生了深远的影响。在过去，其基础为一种相对的"关系平等"（relational equality）：平等的公民地位、生活状况的某种相似性（如果不是平等的话）、平等的自主性，以及不会出现特权沿袭的情况。[126] 如今，正是这种关系平等被彻底地废除。成功者将其与失败者分隔开来，这一过程被称为再封建主义（re-feudalization）。[127] 在最高位出现了一种"富人的脱离"（secession of the wealthy）[128]。这种脱离瓦解了民主的亲密，并提出自我隔离的要求。相应地，一种新的家长作风的专制主义以解放的名义被强加给了下层阶级。资产阶级时代剩余的解放成果正日益消失。这种民主平等基本结构中的裂痕给民主本身造成了威胁，尤其因为它被一种社会裂痕 —— 集体向下流动 —— 所激化。

.

第四章

向下流动

在德国经济奇迹时期，汉娜·阿伦特提出了一个后来非常著名的预测：以工作为中心的社会总有一天将不再产生任何工作。[1]在四分之一个世纪后的 20 世纪 80 年代，她的这一预测似乎已经成真。传统工业社会正在以惊人的速度变化。计算机和机器人被引入生产，大规模失业持续出现，服务业在以牺牲传统生产为代价稳步增长。我们所熟悉的以工作为中心的社会似乎正在走向终结。[2]劳动是否确是一种"影响并渗透所有社会形态和生活领域"[3]的社会条件，似乎越来越令人怀疑。然而，这一预测可谓再错误不过。与之相反，自那以后，有偿就业的重要性不降反增。以工作为中心的社会并没有结束，而迎来了一个新的开始。雇佣劳动再次被置于社会的中心，但其表现形式与在社会现代性时期截然不同。

关于以工作为中心的社会将要终结的论断始终缺少强有力的经验基础；在 20 世纪七八十年代，这更像是一种基于失业率上升和自动化程度提高而衍生出的机械性预测。实际上，从事经济活动的人数在 20 世纪 70 年代几乎稳步上升，但上升的失业率转移了人们的注意力。[4]1970 年至 2013 年间，进行经济活动的人数占总人口比例从 44.2% 上升到 52.6%；[5]就业人员的比例上升了近 9 个百分点，从 36.0% 上升到 45.4%；所有进行经济活动（包括个体经营者）的人数占总人口比例从 44% 上升到 50.9%。[6]

这样的上升趋势几乎没有中断过。在德意志联邦共和国的历史上，年度工作人数在 2018 年达到最高。该年 1 月，从事有偿就业的人数为 4420 万，[7]而正式失业人数下降到 256 万，为前者的 5.9%。[8] 失业率就此回落到统一时期水平，人们开始庆祝一个"新的充分就业"的时代。[9] 然而，正如我将说明的，这是一个以任何代价实现就业的社会，这样的充分就业是不稳定的。[10]

此外，关于工作的量化和统计观点掩盖了社会的内部结构变化。在以工作为中心的同时，正在形成一个向下流动的社会。在这样的社会中，其问题不仅在于工作，更在于综合性工作。从这个角度看，社会现代性特有的以工作为中心的社会的确正在终结，而在这样的社会中，工作依然是社会保障的先决条件。[11] "能够永远实现向上流动的短暂梦想"已经结束，且完全可能一去不复返。[12] 随着倒退现代化的发生，工作的性质正在改变；过去向上流动的来源现在带来了向下流动的危险。如今，就安全、地位、声望，以及规划未来的可能性而言，能通过有偿就业得到保障的人越来越少。向下流动的过程反复冲击着不断分化的社会阶层。

然而，这一分析明显需要进一步区分讨论。因此，我将通过检视不稳定的工作以及不同的社会状况和流动性，描述关于德国服务社会向下流动的传闻与现实。这是一个多维的过程，同时发生在多个层面，并以内部的两极分化为标志。中下阶层经历了各自特有的向下流动，并采取了不同的应对措施。正如我将在本章末尾作出的断言，向下流动的社会如今正在引领德国进入一个新的阶级社会。

## 工业服务社会

摆脱工作或者至少摆脱工作负担的愿望，在不断助长新的错误观念。在过去的一百五十年里，工作在体力层面已经不那么繁重了，但我们距离完全从体力劳动中解放出来还有很长的路要走。

从经济部门之间发生的变化可以明显看出以工作为中心的社会的转变。第一产业（农业、林业和渔业）占总就业人数的比例从 1950 年的 24.6% 下降至 2013 年的 1.5%。在此期间，第二产业（传统生产性行业）所占比例也有所下降，从 42.9% 降至 24.7%。相应地，第三产业（尤其是服务业）所占比例则从 32.5% 上升至 73.8%。[13] 经济结构的这种变化是毫无疑问的；现代经济下农业和工厂烟囱都有所减少。但是，无论乍看之下多么惊人，这种转变部分是基于一种统计模型，而这种模型掩盖了价值创造的持续工业性质。公司内部法律的碎片化和组织的网络化造成了统计上的变化。如果一家汽车制造商将其食堂外包给一个形式上独立的单位，那么该单位将被归入服务业，然而其工作内容仍然是与生产直接相关并在根本上属于生产的工业服务。[14]

技术水平提高、第三产业增长，以及劳动力市场中女性人数不断增加的总体趋势是可观的。但期望中的职业结构全面升级并没有成真，而是出现了两极分化。需要较高技能的工作越来越多，同时，需要较低技能的工作也越来越多，中间的工作则越来越少。[15]1990 年至 2007 年间，从事技术性工作的体力劳动阶级所占比例大幅下降，从 44.8% 降至 33.3%。虽然在同一时间段内，从事组织性工作（如管理和行政任务）的人数占比从 24.9% 上升到 27.6%，但个体经营者的占比也从 9.7% 上升到了 11.3%。总体而言，从事人际相关工作的人数占比上升了 4.3%，达到 27.9%。后者不仅包括教师和护士，还包括社会与文化领域的专业人士，如熟练的销售人员以及陈列、餐饮和护理人员。然而，超过一半的服务岗位直接从属于工业价值创造。[16]换言之，这与其说是从工业中解放出来的服务社会，不如说是工业生产逻辑与服务逻辑融为一体的工业服务社会。

基于社会分工，高科技、金融和创意产业产生了新的分支。除银行职员、各类咨询顾问、工程师、IT 专家和行政人员外，有越来越多的电话中心代理、私人教练、快递员、快餐连锁店员工、折扣店销售人员、清洁工、护工和教师。

数字化和机器人技术的进步将如何影响职业结构，目前尚不清楚。当"机器人到来"时，未来社会还会以工作为基础吗？[17]在美国，尽管劳动生产率有所提高，但自世纪之交以来，就业一直停滞不前。[18]还有进一步的预测认为，在不久的将来超过一半的工作可能会实现自动化。[19]那些重复性强、对认知能力几乎没有要求，以及对资历要求较低的工作，尤其容易被取代。受到危及的职业不仅包括看门人，还包括簿记员、税务顾问和保险经纪人。这些情况很可能成真，但我们还没有实际看到数字化的影响。在历史上，为节省劳动力而创新是常规而非例外。比如在 19 世纪初，工厂的机械织机对英国织工的家庭作坊产生了威胁，但结局是技术进步创造了新的就业岗位。再比如第二次世界大战后，正是那些在机器人技术和自动化生产方面投资最多的国家，如德国、日本和美国，拥有特别高的就业率。从这一角度来看，数字化也促进了新职业和新岗位的共同演变。

诚然，到目前为止，对于一些特定的高技术职业，如咨询顾问、工程师、知识生产者，基于社会升迁和自由度不断提高的服务社会的愿景已经实现。这些人真正实现了自主性。这是因为他们的工作领域（专业知识和技能）在现代生产中变得更为重要，而随即在劳动力市场上获得了更高程度的结构性权力。[20, 21] 此外，工作流程的逻辑也为他们提供了更大的自由。然而，对"非技术性工人"（unskilled worker）来说，情况却恰恰相反。[22] 在工作中，他们经历的是被支配而不是自主性。他们在行动上几乎没有选择，没有多少自由或创造性的回旋余地。密集的"社会"（social）合理化作业和直接的个人控制相结合，使得他们很容易被替代。[23] 因此，他们只拥有很少的结构性权力。简言之，服务业高技术雇员贵族（highly skilled employee aristocracy）的背面是"服务业无产阶级"（service proletariat）。[24]

## 向下的自动扶梯

20 世纪 80 年代，"电梯效应"仍然是前西德社会的特点。[25]
正如第一章介绍，在这一特点下，尽管不平等当然依旧存在，
但富人和穷人处于同一个社会"电梯"中向上升，使得社会差
异的显著性降低。然而，在接下来的分析中，用自动扶梯作隐
喻[26]比用电梯更合适、更具洞察力，因为向上和向下的移动既表
现在集体层面，也表现在个体层面。在乌尔利希·贝克的电梯
中，每个人都一起向上移动，但在自动扶梯上，个体之间的距
离可以随着乘坐扶梯的人自身的上下移动而改变。

自动扶梯的意象也能让我们更好地理解现代德国的社会结
构。我们可以在空间上想象一个百货商店：自动扶梯已经把一些
富裕的顾客带到了二楼，他们在那里环顾四周，甚至继续往更
高的楼层走；然而，对于大多数尚未到达二楼的人来说，行进的
方向现在发生了变化 —— 在上升了很长一段时间后，自动扶梯
现在开始下降。这个过程是不知不觉开始的。就个体而言，向
下流动或是堕落还没有成为一个普遍现象，在某些情况下也有
可能实现社会升迁。但对就业人口整体来说，行进的方向是向
下的，且上下层之间的距离正在增加。[27]值得一提的是，被困在
下行扶梯上的是较为年轻的群体。这一自动扶梯效应在实际净
收入上得到了尤其明显的体现，在贝克首次提出其分析的几年
后，德国的实际净收入就已经开始再次下降。

实际净收入的发展变化是所有就业人员社会地位和参与机会的重要指标。直到 20 世纪 90 年代初，实际净收入一直呈上升态势（图 4.1），这清楚地表明了电梯效应的长期作用。在 21 世纪初，收入达到了一个高点，然后趋势开始逆转。自 1993 年以来，尽管有过中断，但实际收入几乎持续下降（图 4.2）。[28] 只有在过去九年里，这种趋势才停下来，平均实际收入不再继续下降，从 2010 年开始甚至平均每年有近 1% 的增长。[29]

工资和薪水的相对下降掩盖了一个事实（图中展示的平均值包括了高收入和低收入），即与此同时，公司和产业内部的收入分布扩大了。在产业层面上，金融和能源行业的基本收入是餐饮或代理工作的两倍。而在公司内部，简单的个案承办人员和管理人员之间的薪酬差距也在扩大。根据经合组织的一项研究，自世纪之交以来，收入不平等显著加剧。[30]

考虑到同一时期德国的生产率持续上升（受经济危机影响有过一次中断），实际净收入的下降就更加值得关注。直到 20 世纪 70 年代中期（参见图 4.1 和图 4.2），实际收入和生产率都保持着同步上升。然而，随着全球经济进入长期低迷，以及企业开始大力投资节省劳动力的机器，生产率和收入的发展趋势开始分道扬镳。到了 20 世纪 90 年代，这两条曲线之间的联系已经完全消失：生产率和价值创造有所上升，而实际工资却有所下降。但如果我们将工资标准和实际收入进行区分，情况会明显不同。[31]

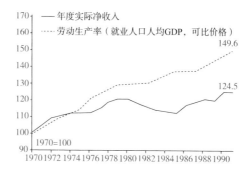

**图 4.1　德国的实际净收入和劳动生产率，1970—1990**

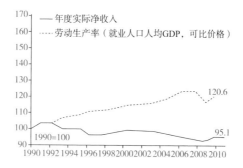

**图 4.2　德国实际净收入和劳动生产率，1990—2010**
前西德领土。

*数据来源：Bundesministeriijm für Arbeit und Soziales, Statistisches Taschenbuch 2011. Arbeits-undSozialstatistik, Bonn, 2012.*

　　尽管有过几年经济困难，名义工资标准实际上有所提高，但与此同时总收入却在下降（见图4.3）。[32] 此外，收入也在下降，尤其在没有工会和集体谈判的情况下。由此可见，经济公民权和集体谈判权的削弱已经表现出直接的物质影响。

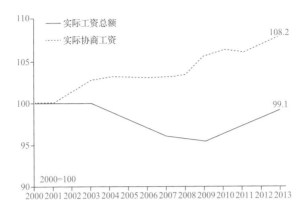

图 4.3　德国工资变化情况，2000—2013

数据来源：WSI（Hans-Bockle 基金会内的独立研究中心 – 经济与社会研究所）Collective Agreement Archive, 德国联邦统计局。

德国经济研究所（German Institute for Economic Research）提供的家庭分解数据记录了德国家庭收入的阶层化。最值得注意的是，自 20 世纪 90 年代以来，德国收入较低的 40% 的家庭（超过 3000 万人）经历过工资滞涨和降薪。

在 20 世纪 80 年代初以前，不仅实际收入有所上升，所谓工资比率即就业收入占国民总收入的比例，也有所上升。与之相对的，是证券收入、租金、利息，以及企业活动的收益。因此，通过劳动收入的比率，我们可以了解新近发展所取得的繁荣的社会分配。[33] 在社会现代性和电梯效应时期，德国的这一比率几乎持续上升。就就业收入而言，其发展甚至超过了电梯效应。就业人员能够大幅提升他们对总创造价值的贡献。然而，到了 1982 年左右，当赫尔穆特·科尔成为总理并推行所谓"道德转向"（moral turn）时，工资比率的上升变得停滞不前。从20世纪90年代初起，随着倒退现代化的加速，平均工资比率开始下降。

图 4.4　德国工资份额（未调整）变化情况，1950—2010

*数据来源*: Markus M. Grabka and Jan Goebel, 'Realeinkoimmen sind von 1991 bis 2014 im Durchschnitt gestiegen-erste Anzeichen für wieder zunehmende Einkommensungleicheit', *DIW-Wochenbericht* (4), 2017

　　简言之，自 20 世纪 90 年代以来，工人在德国经济蛋糕中所获得的份额不断减少，而上层阶级成员的份额却在增加。这一趋势在社会不平等的其他维度也很明显。比如近年来，所谓"家庭等值收入"（household equivalent income）[34] 在发展上也呈现明显的两极分化。为了进行比较，关于收入差异的研究通常采用样本大小相同的群体。这些研究清楚地表明：富人越来越富，穷人越来越穷。最贫穷的五分之一的家庭只获得了社会总收入的 9.2%，这一比例在 1992 年至 2011 年期间降低了近 1%。相反，如今最富有的五分之一的家庭的收入占社会总收入的 36.6%。总的说来，在这段时间内，收入低于 50% 平均收入的家庭的比例从 7.4% 上升到了 11.8%。[35]

如上文所述，在电梯效应期间，德国的社会不平等几乎没有发生变化。1991 年德国家庭收入的基尼系数与 1978 年几乎相同。[36] 然而，自 1991 年起，这一衡量不平等的指标有所上升，在 2005 年达到了 1962 年首次计算时的水平。[37] 换言之，在过去二十年里，贫富差距大幅扩大，而这是向下流动的社会的一个关键特征。

因为家庭净收入的不平等可以通过累进税和政府以现金及服务形式的转移支付得到缓解，所以如果没有福利国家的再分配，不平等将进一步加剧。我们可能已经在预测，近年来福利国家的转型会降低国家再分配的程度。然而，正是因为市场和财富收入不平等的加剧，政府加大了再分配的力度。如果没有国家补偿，今天收入的两极分化将更加严重。

财富的分配基本上遵循《圣经》中的"马太效应"："凡有的，还要加给他，叫他有余。"[①,38] 在 1970 年，最顶层的 10% 的家庭就已经拥有全国 44% 的货币净财富，而到了 2010 年，这一占比达到了 66%。其中，最富有的 1% 的人成为"占领运动"（occupy movement）的目标（见下一章），他们拥有超过 35.8% 的货币净财富。[39] 作为对比，德国较贫穷的一半人口在 2008 年只拥有全国总财富的 1%。[40]

我们不应该想当然地认为这些发展趋势会自动扭转。正如法国经济学家托马斯·皮凯蒂在一项历史和国际比较研究中作出的分析，如果资本回报率高于经济增长率，财富就会进一步集中。皮凯蒂接着指出，近年来，资本收入与其他类型收入之间的关系越来越有利于资本所有者。[41] 在德国，虽然自 2005 年以来这种不平等没有进一步扩大，但在后增长资本主义的背景下（见第二章），如果没有任何严厉的再分配政策，这种不平等很可能在未来几年再度加剧。

此外，财富不再像过去那样慢慢流动。社会很可能会继续变得更有钱，但穷人将不再从中受益。自世纪之交以来，贫困不仅有所加剧，而且还在固化。在过去几年中，这一趋势与其说是向下流动的显著增加，不如说是"向上流动的减少"（declining upward mobility）。[42] 向下流动的社会以一种倒置的形象出现，即向上流动消失了。那些下行的人发现很难再振作起来。

尽管如此，在德国，贫困最初可以相较于平均生活水平来理解。如果某人的收入低于平均同等收入的 60%，则被定义为"有贫困风险"（at risk of poverty），也就是相对贫困。[43] 在 2010 年，15.8% 的人口处于相对贫困，这些人通常拥有洗衣机、冰箱和电视等消费品。在我写作这本书的时期，绝对贫困（缺乏基本物质商品）似乎不一定会上升，但在消费可能性普遍上升的情况下，穷人将继续被抛在后面。然而，即使在福利国家，贫困也没有脱离真正的物质需求；在这些"相对贫困"的人中，近 17% 的人表示他们难以为房屋供暖，27% 的人表示自己很难养活自己；其中 16.2% 的人买不起电脑。[44] 贫困的危险甚至波及中产阶级，其中三分之一的人会发现自己难以应付 1000 欧元的意外开支。[45]

## 朝不保夕的工作

如果处于一个容易波动、没有保障，且随时可能被废止的状况中，那么这样的处境就是朝不保夕的。在社会现代性中，工作奠定了社会融合与稳定的基础，一份稳定的工作和免遭解雇的保护是一种规范。[46] 然而，这种稳定所涵盖的范围正在明显缩小。随着倒退现代化的发生，我们有了"制度化的不稳定"（institutionalization of precarity）。[47] 转变为向下流动的社会的主要原因不仅在于社会不平等的加剧，还在于劳资关系的恶化。

在社会现代化的鼎盛时期，正常的劳资关系适用于几乎90% 的工作。在此之后，情况发生了急剧变化。1991 年，79%的工人以正常劳资关系就业，但到了 2014 年，这一比例已降至 68.3%；其间的某些年份，这一比例甚至低至 67%。2016 年，由于经济发展，以正常劳资关系就业的人数比例略有上升，达到 69%。但仍有 21% 的工人从事非典型工作，要么没有工作保障，要么劳动合同不完整，要么是兼职或是作为派遣工[48]。在11% 的个体经营者中，一半以上是独资经营。[49]

在其重要性下降几十年之后，正常的劳资关系在 2007 年重新稳定下来，甚至在某些方面有所发展，但其根本的变化趋势不容忽视。没有理由认为警报已经解除。这种低程度的巩固主要是由于 2005 年以来经济形势相对稳定，以及人口结构的变化导致专业工作岗位出现一定程度的短缺，并导致企业再次加强了对员工的约束。然而，许多劳资关系正常的工作都是无限期的兼职工作（每周工作时间少于 21 小时）。在过去十五年间，兼职就业的规模翻了一倍以上。2001 年至 2016 年期间，全职岗位总数减少了 100 多万个，而兼职岗位则增加了 400 万个。[50]

在非典型劳资关系的就业者中，临时就业增长得尤其多；在 2009 年，几乎每两份新工作中就有一份签订的是有限期的合同。[51] 此外，并非所有就业群体都面临着不稳定的处境，而是特别集中于低技术群体。[52] 简言之，越是年轻和技术水平低的群体，从事非典型工作的可能性就越大。

不同年龄组的人受这种不稳定的影响程度也各有不同。对于年龄较大、有着专业背景的工人来说，遭遇不稳定的风险较低；对于年轻人来说，这种风险则更高。对后者而言，头几年的工作会不稳定，越来越少的人能保住自己的第一份工作。自 20 世纪 70 年代中期以来，年轻人的平均就业年限减少了 22%，尤其是低技术群体，失业往往在他们的意料之中。[53] 这并不一定意味着刚开始工作的人会感到特别没有保障。即使是一份没有保障的工作，也可能被终于进入劳动力市场的人视为进展，这并不罕见。

然而，职业生活的结构已经和过去全然不同；职业生涯和阶梯变得不再连贯。一方面，传统的职业道路 —— 年轻时加入一家公司，职业生活结束后才离开公司，然后领取养老金 ——

已成为上个时代的罕见遗产。另一方面，越来越多人的履历出现中断，这构成了真正的社会伤害。他们陷入了一个不断扩大的"过渡地带"，在就业和失业之间摇摆。他们很可能大部分时间都在工作，但很少拥有长期的就业机会。[54]

如今，职业、收入和声望似乎都不可靠。就像一艘公海上被遗弃的船，许多工人在工作中遭遇外力，踉跄而行，无法推动自己前进。这种反复会导致"地位的不一致"（status inconsistency）越来越严重，一个人在不同的社会层面会处于不同的位置。[55]比如，当一个拥有历史学博士学位的人在幼儿园做兼职工作——其受教育程度和收入不再相符。劳动力市场的这种波动，以及在不具资格或大材小用的岗位上工作，往往会让受到影响的人感到被剥夺、希望破灭，以及在社会上处于不利地位。

然而，不稳定不仅仅意味着正常劳资关系受到损害。工作逐渐失去了社会整合的功能，例如，即使是低工资群体中的全职就业人员也不再得到免受贫困的保护。[56]谈论"正常"劳资关系变得格外困难：如果三分之一的就业人员在非典型且往往不稳定的条件下工作，那么正常劳资关系只是名义上存在的标准。此外，非典型就业这一概念也没有正确反映实际情况，因为它所包含的就业形式不再是非典型的，但这也并不出人意料。

正常劳资关系受到损害与女性就业的增加密切相关。在社会现代性中，分配给女性的角色主要是家庭主妇和母亲。如今，即使没有经济压力，女性有偿就业也已不再罕见。在夫妻一方或双方都具有高技能且或多或少属于中产阶级的家庭中尤其如此。此处，就业是一种解放和自我实现的行为。但还有更多的原因导致越来越多的女性外出工作。在低技术水平、低收入的家庭中，丈夫的工资往往已经不够用了，这导致非典型就业（每周少于 21 小时）、尤其女性非典型就业的增长。[57] 这也解释了为什么尽管德国的就业率很高，正式工作时长小幅减少，但总工作量没有上升，且按人均计算实际略有下降。

兼职就业还表明了另一个方面的情况。正如前文所解释的，对一些人来说，兼职提供了参与经济活动的入口，代表了劳动市场的欢迎或必需的额外工资；而对另一些人来说，它只是不稳定的一种具体形式。一方面，许多签订兼职合同的就业者的确认为自己就业不足，希望拥有正常的劳资关系；另一方面，对于雇主而言，兼职工作的成本通常更低。[58] 兼职经常被雇主用来进一步降低低薪工人的工资，这也是为什么兼职员工的时薪比全职员工低。[59] 这种相对的就业不足也为企业管理者提供了更大的用工灵活性，以及更多让工人加班的机会。比如在零售业，每周只工作几个小时的员工常常被当作替身，他们对自己的工作时间很少有控制权，必须随时准备填补空缺或加班。

在公司层面和所谓劳动力市场部门，不稳定就业有着不同的面目。很明显，尽管有许多变化，但对"游动化②社会"（precarization society）的戏剧性分析（到目前为止）尚未实现。[60] 不稳定（目前）还未成为普遍现象，劳动力市场中仍有一些领域相对稳定。如果就业人员以正常劳资关系被聘为固定员工，这种劳资关系和聘用通常会在公司的内部劳动力市场得以实现。在这种情况下，他们能够依靠很高的工作保障和良好的晋升前景，如果有较高的资历，他们还能拥有不错的收入。此外，公司结构也提供了相应的保护，让他们不受失业率上升等外部发展的影响。然而，在同一家公司的外部劳动力市场上，情况却恰恰相反：边缘的、低技术的员工所得到的保障和收入都很低。[61] 德国长期就业人员的稳定性几乎没有受到影响；近年来，由于就业期限的小幅增加，他们的稳定性在形式上实际有所上升。[62] 但这与本文的研究发现并不矛盾：灵活性的增加也提高了对具有核心领域关键技能的员工的需求。这些员工与他们的公司长期绑定，以保护公司的信息知识，并应对工作过程的变化。

然而，在这种稳定的阴影下，出现了越来越多以市场为导向的雇佣形式，这甚至削弱了老牌员工的地位。按照传统，大型组织的员工在被雇用期间能指望定期晋升，但如今内部晋升变得更加困难、更不直接，也更不可预测。员工需要不断接受能力考查，来实现期望和安稳。[63] 保障成为一种红利，为了得到它，员工必须提高自己的业绩。反过来，这一过程又以基准及其他量化目标为导向，造成员工之间持续存在的竞争压力，而这同样与向下流动的风险有关。[64] 尽管特意量化了标准，但这些考查的透明度降低了，且越来越不清楚具体哪个指标更为重要。[65]

内部劳动力市场也失去了过去在公司中的主导地位。诚然，超过一半的工人仍然在此基础上就业，但外部市场的重要性正在逐步提升。这一变化往往对长期员工造成心理影响，因为他们目睹着这些外部市场不确定性的增长。[66]尽管拥有正式保障，他们同样感觉受到威胁。

公司内部以及整个劳动力市场不稳定性的上升，就此对劳工政策产生了深远的影响。除了在主观上感到不安全，就业人员还被分为两个群体，他们之间在公司和劳动力市场的地位上存在"次要的"(secondary)权力失衡[67]：固定员工，即第一个群体，他们经历的相对安全成为一种特权；身处不稳定的员工，即第二个群体，正如皮埃尔·布迪厄作出的恰当分析，他们几乎"准备好做任何事"来逃离这种不安全。[68]在我自己的研究过程中，我经常遇到后者超额完成公司规定指标的现象，因为他们每天都要展开新的竞争。他们的工作内容更多，时间更长，强度也更大。他们经受着巨大的身心压力。当然，也有部分员工其实把这种时间上更为自由的工作生活看得很重要，他们抱着"今天来，明天走"的态度，但这些人只是少数。在现实中，更为常见的是另一种类型的派遣工。[69]他们反复讲述着害怕哪天突然一无所有，并且不能再从事一份稳定的工作。忧虑总是如影随形，在夜晚折磨他们，让他们无法入睡。他们计划着更美好的未来，但往往没有精力为之奋斗。他们中的一部分人经历着内心的煎熬，对社会感到失望和愤怒，这两种情绪往往相伴出现。比如他们提到自己每天都要长途通勤，而工资却不够支付油钱。多数时候，他们耸耸肩也就认了。对他们中的很多人来说，最后一根稻草是希望在某个时候获得一份长期工作，就像在宾果游戏或赌球中取胜。然而，这样的想法往往会造成他们的循规蹈矩，派遣工们也非常清楚这一点：

> 这是一套系统。在越是用工灵活和没有保障的情况，操控员工就越是简单。如果不知道明天的工作会是什么，他们很容易就被玩弄……你最好什么都不说，否则"这样不对"会是你的口头禅。[70] 要管好自己的嘴。

固定员工对这些不稳定员工的态度迥异，从负面态度到同情支持都有。虽然许多人都在为派遣工寻求更好的职位，并让他们融入企业的社群社交，但我遇到过一些相反的情况。比如在一家能源技术企业，最讨厌的任务（对健康有害）被故意单独交给了派遣工。许多长期员工把派遣工当作抵御自身就业危机和解雇风险的屏障。

正如一位人事经理在接受采访时所作出的说明，因为派遣工愿意比同事完成更多的工作，管理层可以通过雇用派遣工来缩小长期员工的"舒适区"。此外，在普通企业中，固定员工见证派遣工的不稳定就业，成了一种联结内外部劳动力市场的社会规范；这改变了劳动力市场的"后备军"（reserve army）机制。[71] 过去，资本主义后备军的主力是失业者，从外部对就业人员的待遇和工作条件施加结构性的压力。而如今，不稳定就业使这一职能在企业内部就能得以实现。派遣工一只脚在企业内部，另一只脚在随时失业的风险中，因此，他们的存在是对固定员工的提醒，让后者意识到他们的未来也可能不再稳定。

　　总而言之，在有着不稳定充分就业的现代德国社会中，在就业和失业之间的长期分隔外，出现了新的由两个相互渗透的世界组成的二元劳动力市场——一个世界是收缩的稳定，一个世界是扩大的不稳定。[72] 此外，派遣、分包和临时工作的形式，加上积极的社会政策，使企业更愿意雇用新员工。因为在这些情况下，企业如今几乎不用承担任何解雇成本。虽然由失业者组成的工业后备军在缩小，但代价是由就业不足（兼职工人）和过度就业（低薪工人必须同时从事多个工作）组成的后备军的扩大。过去，经济学家认为发达资本主义经济体必须以每年至少 3% 的速度增长才能降低失业率。[73] 但在新的二元劳动力市场出现以后，这一门槛被调低，假定即使在后增长的背景下（平均增长率低于 3% 的情况下）就业机会也会增加。然而，这是一个极其冒险且不可靠的估计。[74]

## 向下流动、地位焦虑和不稳固的中产阶级

　　近几年，德国因发现中产阶级减少而引发了一场关于中产阶级的热烈讨论。在战后的德国，中产阶级一直不仅作为社会基准而存在。在公众讨论中，它曾经（现在仍然）被视为稳定的锚点、社会常态的参照、社会整合的要素之一，以及阶层渗透和升迁的标志。因此，德国社会将自己视为中产阶级社会也就不足为奇了。[75]

　　然而，究竟是什么构成了中产阶级也存在争议——除了它

处于上层阶级和下层阶级之间。采用韦伯对所有权和收入的区分，我们可以大致认为是不是中产阶级取决于成员的收入；财产可能会发挥一定的作用，但通常不存在其他财富。这一阶层的成员包括旧中产阶级，如工匠和店主、商人和农民，也包括政府官员、自由职业者，以及近年来增长的技术性雇员和工人。他们的职业特征通常包括受过高水平教育，有一份技术性工作，有声望、稳定的地位和良好的收入。他们对自己的看法以责任和积极性等文化价值为主。[76] 然而，与这种仅凭成就就应该获得富裕的自我认知相反，中产阶级成员高度依赖于制度保护，依赖于福利国家的"形成性力量"（formative power）。[77] 一方面，他们中的许多人受雇于公共服务业，靠子女津贴、医疗保险和累进所得税支撑着他们的生活；但另一方面，中产阶级为福利国家支付的费用也比其他任何群体都多。[78]

然而，在过去几年间，随着不稳定就业制造的阴影越来越大，中产阶级已被认为濒临灭绝。正是因为其成员往往不能依靠财产或财富的庇护，他们面临向下流动的风险。在对法国劳工的历史性分析中，罗伯特·卡斯特提出了一个对新的社会风险进行分类的模型。[79] 对他来说，这不是一个衡量中产阶级（按收入定义）是否在缩小以及缩小多少的问题；相反，卡斯特的分类法在收入、职业地位、工作保障、社会福利和增长的储蓄等物质条件的基础上，新增了主观因素和对生活的看法。对从业人员而言，除了考虑当前的状况，向下流动的可能性和相应的担忧也在增加。[80] 朝不保夕最终会导致社会网络被削弱，参与前景变差，并降低了有计划的、面向未来的生活的可能性。受到影响的人将这些现象看作一场意义危机和社会声誉的损耗。卡斯特划分了三个区域：一个是"融合"（integration），另一个是"脆弱"（vulnerability），还有一个是"脱钩"（uncoupling）。在融合区，正常的劳资关系是基本规则，社会网络保持完好。但这其中也包括某些具有"非典型"（atypical）职业状况的群体，比如高素质的自由职业工程师，他们凭借其市场地位融入社会，且不会在主观上产生不安全感。在脆弱区，缺乏保障的就业是常态，主观上的安全感和社会网络都被削弱。最后，在脱钩区，是那些在大多数层面（尤其保障、参与和文化方面）被排除在社会生活之外的群体。

德国的情况也得出了类似结论。近年来，这里的脆弱区和脱钩区也在扩大。[81]尤其过渡区域——被贝特霍尔德·沃格尔（Berthold Vogel）归为"社会脆弱性"（social vulnerability）和"不稳定繁荣"（precarious prosperity）的区域——经历了向上和向下的社会流动、日渐不稳定的进程，以及增长的风险。[82]

社会现代性的中产阶级趋同特征是低阶层的持续升迁。尽管教育在不断扩展，但这种绝对向上流动的动力似乎已被大幅削弱。这意味着中产阶级不再通过向上流动而增长。[83]然而，不仅这种向上的动力停滞了，向下的流动性也在增加。1997年，按照目前的分类（相当于平均收入的70%至150%），有5280万德国人，即总人口的65%，仍然属于中产阶级。在那之后，这个比例开始下降，且东部的下降幅度比西部大。2010年，整个德国有4730万人属于中产阶级，占总人口比例下降了6.5%。这里值得关注的不仅是中产阶级在数量上的比例，还有其内部的稳定与一致。中产阶级的上层,尤其是有着"稳定繁荣"
(secure prosperity)的大片区域,几乎完全不受社会动荡和向下
流动的影响。[84]因此,在下行扶梯上的并不是整个"中产阶级"。
然而,"中产阶级正在缩小是一个全新的现象,代表着与长期的
增长和繁荣的决裂"。[85]我们甚至可以说中产阶级出现了两极分
化。在其下端,向下流动更为频繁,之前稳定的收益率陷入了
倒退现代性的漩涡。下层中产阶级[86]的下降幅度最大,所占份额
自 1997 年以来下降了 15%。[87]

　　尽管上层中产阶级有着更强的适应能力,但他们的不安情
绪正在上涨,关于持续升迁、自立和安全的梦想不再一定能实
现。一种"常态化的工作风险"(normal working insecurity)出
现了。[88]的确,对(高)技能劳动力的需求仍然存在,但这些工
人群体面临着彼此之间的竞争。过去,他们的资历保证了他们
享有某种特权地位;但现在,拥有他们(那样)技能的人正在增
多,他们所从事工作的标准化水平也在提高。技能化和相应的
去技能化正在同时发生。那些成功适应以工作为中心的社会转
型的人也因此不得不生活在更大的风险中。[89]我在研究中经常遇
到以下情况:为汽车制造商工作的工程师或 IT 专家享有高级专
业职务、良好的收入和高水平保障。而现在,除他们工作的工
厂外,还有其他研发服务公司,其中工程师和 IT 专家以分包的
形式为同一家汽车制造商工作。他们的收入也不错,但不如他
们直接受雇于总公司的同事,也不享有同等的参与权。对于许
多高素质的员工来说,这样的工作在某种程度上相当有吸引力。
只要还年轻灵活,他们可以不断更换工作地点和工作企业来获

得高薪。就连一位受雇于一家中介机构的手工艺大师在接受采访时也表示："当你年轻的时候，你会想：没关系，我有两只好手。"但这种情况通常会随着时间的推移而发生变化。到那时，即使是工程师也会感受到对更强安全保障的需要，特别是如果他们想组建一个家庭。

如前所述，对大部分德国中产阶级来说，有所增加的并非灾难的实际风险，而是他们对灾难的担忧。[90]"感到地位焦虑的中产阶级"（status-worried middle）[91]尤其处于一种恐慌之中。在许多人看来，他们稳定的生活就要到此结束了，"崩溃……是完全可能的"[92]。被提名的原因之一是向下的自动扶梯变得更加陡峭，即使在安全的中间地带，压力波也可以从冲击点推向边缘区域。几乎每个人都有工作不稳定的朋友或熟人，或者认识生活变得更糟的人。和"社交邻居"（social neighbours）相比，对向下流动的恐惧蔓延到办公楼和郊区的住宅中。[93]如前所述，在不稳定就业者取代固定员工的企业中，未被解雇的员工处于一种特殊的易受伤害的状态之中。最重要的是，他们越来越为自己的子女感到不安，因为很显然，即使拥有最好的资历、外语技能和国外经验，他们也常常不得不面对单调乏味的实习或临时工作，并且经常不得不在实现定期就业之前证明自己。先前引用的派遣工还说道：

当每次看着我的孩子们时，我都感到害怕。也许我向她们传达了这一点……我家姐姐已经读完了生物专业，而妹妹还在上学，但她当然想好好完成学业，以便找到一份工作。过去我从来没有这样的想法。

在年轻一代中，典型就业的发展史已经完全改变。学者的子女往往在三十多岁的时候仍然无法获得一条"稳定的职业道路"（stable career path）。[94] 这不一定会直接影响他们的生活水平，因为他们相对富裕的父母通常能够帮助他们一段时间。[95] 在某种程度上，他们中的大多数确实到达了安全的中间地带——只有少数人在中途被彻底淘汰——但和前几代人相比，他们肯定实现得更晚。

教育作为一种润滑剂，本应为社会升迁的马达重新注入动力，但实际上这是一个危险的过程，因为存在在教育竞争中向下滑落的可能。几十年来，中产阶级尤其受益于高等教育的扩展，但与此同时，学位越发贬值，竞争也越来越激烈。[96] 高等教育不再自动保证地位的提高。如果每个人都踮着脚，那么实质上没人能得到改善。

教育已经成为一种自相矛盾的上升媒介；归根结底，它仍然是一种选拔手段。[97] 从增加的机会中获利的，主要是那些已经处于有利地位的人。一方面，来自下层阶级的孩子们常常把教育视为一种不合理的要求，一场注定失败的斗争；中产阶级的孩子则处于一个更为激烈的竞争环境中，而这正是因为他们的先决条件。另一方面，来自上层阶级的孩子则会生活得更容易，因为他们的父母会向他们传递更多的社会和文化资本，而且他们通常可以直接进入父母的关系网。他们习惯性地把对精英们最重要的东西——品位、行为和文化——一一内化，因此要么相对顺畅地继续上升，要么就简单地保持社会顶层的地位。[98]

为社会升迁带来矛盾影响的力量不只是教育。职业选择也不再能保证较高的社会地位。除了其他因素，这与职业群体内部分散的向下流动过程有关。就教师这一职业来说，资深教师有着相对丰厚的收入，不用担心未来；他们甚至可以提前退休。但在同一所学校和同一个班级里，可能还有一位签订临时合同的年轻教师，这位年轻教师在暑假期间必须靠申领失业补助生活，而且无望转为固定员工。（现在，德国的许多州依靠着越来越多的灵活就业的教师，他们不再被保证提供固定职位。）在邮政服务业中，虽然仍有许多固定员工，但新雇用的员工通常没有任何工作保障（参见第五章）。在某些职业群体中，两者之间可能有着巨大的差异，比如记者。那些在十年或二十年前开始在《德国明星周刊》《明镜周刊》或《德国时代周报》等德国主要出版物工作的人，可以期待一个有保障的未来。但另一方面，在如今的大型出版社中，不仅工作不稳定、收入微薄的网络作家群体激增，甚至连老牌员工也没有安全感了。越来越多的人属于"媒体不稳定无产阶级"（media precariat），年收入不到三万欧元。[99]另一个例子是律师，律师曾是社会地位和事业兴旺的典范。这一职业群体现在分为两个部分，其中一部分继续在大型事务所或企业工作，赚取高薪，享有较高的社会声望；另一部分则是越来越多的不稳定的自营法律专业人士，他们无法在人才过剩的市场中站稳脚跟。

类似的现象出现在许多行业中。通常，拥有不同工作保障和经济公民权水平的员工会并肩工作，甚至在很多时候他们做着相同的工作。往往是年轻就业者的就业条件更差，他们只能非常缓慢地（如果有效果的话）努力达到父母那一代的水平。

## 固定的向下流动

现代社会认为自己已经摆脱了过去的阶级结构，并打破了社会地位的划分。每个人都应该能够向上流动，即使很明显事实上这并非对所有人都可能。即使忽略从洗碗工变成百万富翁、从最底层上升至最顶层的经典美国故事，垂直流动性和社会渗透性的程度仍然是现代资本主义是否实现其主张的重要指标。流行的观点认为，只要流动性得到保证，不平等就是正当的，因为理论上每个人都能够向上流动。[100]

向上扶梯的隐喻将集体上升（阶级作为整体）与个体上升（在阶级之间）联系起来。不过，社会流动的概念通常用于研究和统计个体从最初的阶级地位（或父母的地位）的提高。[101] 例如，农民或工人阶级父母的子女可能成为中层雇员或学者。但随着第三产业的增长，农业劳动力和非技术性工作岗位有所减少，因此，工业变革成为实现上升的唯一永久性推动力。

因此出现了这样一个基本问题：当下，职业向上流动有何重要性？在上一节中，我论述了分析不同职业群体与社会稳定的困难。如果一位技术工人的儿子完成中学教育并成为一名记者，或者一名商业雇员的女儿成为一名律师，那么依照传统模式，这两人的阶级相对于父母都是上升的。他们的工作带来了更大的社会声望——然而，他们可能不再自然而然地赚到比父母更多的钱。同样，通常也不考虑他们是否处于不稳定的就业状态、是否持续面临失业风险。在流动性分析中也强调职业，而非劳资关系。然而，正如关于不稳定性的研究发现所示，当前的社会风险主要积聚在劳资关系领域。如今，一方面，职业提升不再必然带来社会升迁；另一方面，任何在职业上走下坡路的人也更有可能经历向下的社会流动。

尽管存在这些保留意见，有关社会流动变化的研究还是非常有启发性的。总的来说，上升比下降更常见，这主要是由于上述职业结构的不断变化。自20世纪70年代以来，就所有职业阶级而言，前西德的社会出身与最终地位之间的联系变得越来越弱；但在前东德各州，这种联系再次变得紧密。[102]

进一步的区分让对社会流动的分析更有启发性。在前西德各州的男性中，向上流动和向下流动的比例略有下降。职业等级的最顶层和最底层出现了决定性的发展，在这两种情况下，社会流动性都再次下降，沿袭来自父辈的社会出身变得更为普遍。然而，对于前西德各州的女性来说，向上流动有所增加，这反映了她们在社会中享有更为平等的机会。此外，前西德各州上层阶级的母亲们成功让女儿继承了她们的社会地位，而工人阶级的女性也不成比例地实现了向上流动。从百分比来看，她们的向上流动率接近已经享有更高流动性的男性。

前东德各州的情况则有所不同。在这里，男性和女性的向下流动性都有所增加，向上流动和向下流动的数量几乎相等。考虑到高技能职业结构的固有趋势，这是一个关键的发展变化，表明了前东德各州向下流动的趋势，以及新旧联邦州之间差距的持续扩大。

过去，社会升迁是一个家庭工程，且通常由丈夫为自己家人打理。如今，女性和男性寻求平等的上升，这最终导致男性和女性之间的"流动性竞争加剧"（heightened competition for mobility）。[103] 相较于过去，女性可以更加有力地通过自身努力实现社会地位的提升，这一事实在婚姻市场上也有所反映。外科医生不再追求护士，而是追求麻醉师或其他外科医生；女性学者与具有相似资历和地位的男性结婚。[104] 这种教育上门当户对的婚姻是女性资历水平提高以及在劳动力市场地位提高的副作用。当女性有了更多途径，而不再通过在社会地位上不对称的婚姻向上流动，这也形成并获得了一种解放，但同时，这也意味着婚姻市场中发生了社会封闭（social closure）。

总体而言，尽管社会升迁持续发生着，今天德国向上流动的特征却已经发生了变化。向上流动不再带来对未来的乐观预期。[105] 如果把所有领域都综合起来，会发现"有收入的群体可渗透性更差"。[106] 在"向下流动性增加是总体趋势"的背景下，社会流动已经转向相反的方向。[107]

对于不同的阶层，由此产生的影响会非常不同。在上层社会，基本没有向下的自动扶梯，并且只有几个梯子能从社会下层通向上层。那些到达顶端的人实际上到达了一个被封锁的高原。更为重要的是成功和繁荣的"马太效应"。从下面看，这个高原对大多数人来说是一道无法逾越的屏障——悬崖边的梯子已被拆除。

大多数受向下流动影响的群体都并非来自职业等级体系的最高层。例如，在德国，失业者普遍且越来越多地集中在技术性和非技术性的体力劳动者之间。[108] 较低职业群体中的工人更加相信自己可以省去试图升入中产阶级的麻烦，因为已经不再值得为之努力。[109] 乌尔里希·贝克认为，风险在跨越社会边界的过程中继续民主化。然而，"社会风险"的增加实际上是不对称的，而且根本不是民主的。[110] 在社会等级中的地位越低，进一步滑落或者充其量保持原位的风险就越大。

但在这里所呈现的研究结果是否足以让我们论及一整个向下流动的**社会**？更多的人仍然在向上流动，而不是向下流动，在上层的人几乎没有什么值得担心的；在这里，人们仍然可以指望社会流动的发生。不过，之所以提出德国是一个向下流动的社会这一概念，是因为社会现代性中向上流动的常态已被打破，就业人口在经济和社会层面的集体降落已经成为德国社会整体图景的一部分。他们踏上了一台向下的自动扶梯。

这一判断也有一种规范性论述。尽管愈加繁荣，德国社会的发展正在从先前已经达到的水平 —— 显著的社会整合、相对的平等和社会公民权利（尽管不一定实现了物质平等）—— 下降。新增的财富落进了已经满满当当的口袋。即使根据自由主义差异原则（根据这一原则，只要穷人也从中获利，富人的有利地位就是合法的），这样的社会也不再公平。[111] 我们可以说，向下的社会流动和加剧的不平等是一个先前实现过更高程度平等的社会衰退的体现。这是一种堕落（decadence），这个词在词源上来自拉丁语动词，表示下降或下沉。

## 德国经济的相对实力

在关于 2018 年以前强劲经济形势的公开讨论中，《议程2010》的劳动力市场改革被认为起到了特别积极的作用。到目前为止，还没有可靠的研究表明这些措施与经济趋势之间存在密切联系。不过，德国企业的全球竞争力确实有所提升。这种发展需要一个解释。自 1995 年以来，相较于工业化国家中的主要竞争对手，德国的相对单位人工成本（这是竞争力的良好指标）有所提升。

当然，历史上德国经济一直坚持以出口为导向的发展战略。二战后，国家经济政策、商业协会和工会为提高国际竞争力进行了合作（在学术文献中被称为"新统合主义"［neo-corporatism］）。德国的货币政策保持了德国产品在世界市场上价格的稳定，工会则多次对工资水平施以限制。[112] 另一个不可低估的因素是德国以制度为导向的出口模式。所谓"多样化优质生产"（diversified quality production）离不开强大的工程传统、高素质的劳动力、合作且去中心化的劳资关系，以及适量的能够灵活适应世界市场需求的中型企业。在这些条件下，德国企业可以致力于价格敏感度较低的产品线、投资产品和高质量的耐用消费品。[113]

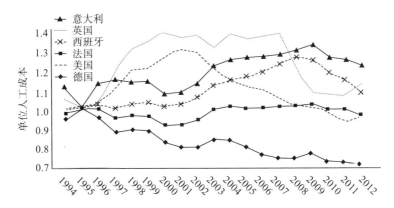

**图 4.5　各国国际竞争力**

*数据来源*：Christian Dustmann, Bernd Fitzenberger, Uta Schönberg and Alexandra Spitz-Oener, 'From Sick Man of Europe to Economic Superstar: Germany's Resurgent Economy' *Journal of Economic Perspectives*, 28 (1), 2014, 167–88

　　然而，自 20 世纪 80 年代以来，失业率大幅上升。这主要是由于德国央行推行的限制性货币政策和历届政府的财政紧缩。德国的统一不仅导致失业率进一步上升，而且对国家预算造成巨大压力。此外，东方集团（Eastern bloc）的解体给德国资本主义带来了更大的压力，因为这不仅意味着德国产品有了新市场，还意味着在地理上出现了生产转移的新机会。事实证明，这对德国企业极具吸引力，它们能够以低得多的工资找到足够的合格工人，而无须对已有的培训制度作重大改动。欧元的引入为德国提供了中期优势，其他欧洲国家无法再通过货币贬值来应对德国工资水平所带来的压力。最终，德国的出口导向政策带来了巨大的出口盈余，但也造成了国际贸易失衡的加剧。

一篇关于德国经济发展、标题为"从欧洲病夫到经济巨星"（*From Sick Man of Europe to Economic Superstar*）的研究驳斥了将《议程 2010》作为资本主义成功故事的叙事。相反，该研究强调背后的原因由更广泛的因素组成，其中《议程 2010》只起到了很小的作用。[114] 德国经济成功的主要原因似乎植根于劳资关系体系的长期变化。两位作者表明，德国工资不平等的加剧确实是巨大的，但在实际工资保持相对稳定甚至有所增长的、以出口为导向的制造业，这种加剧要小得多。不过，这得益于在其他产业的工资和价格下降中，这些产业对最终产品作出了重要贡献，而制造业大约只创造了最终产品价值的三分之一。

然而，最终产品单位人工成本大幅下降的事实仍然存在。这是如何发生的？首先，尽管制造业的生产率得到了较大提高，但其中也涉及一些其他因素。自 20 世纪 90 年代中期以来，对出口产业提供投入和服务的产业的实际工资是下降的。此外，价值链发生了转变。事实证明，东扩对德国企业来说有双重好处：德国工业将比竞争对手更多的初级产品和服务外包给东欧，这带来了外包的可能性（也可能是外包的威胁），并开辟了一条有效的跨国价值链。虽然这条价值链的深度有所降低，但它使德国工业在全球竞争中占据了成本优势。但最重要的是，在制造业（以及所有其他产业），低工资群体尤其遭受了重大损失，单位人工成本在此基础上被压低。与许多欧洲竞争对手形成鲜明对比的是，从 20 世纪 90 年代开始，德国的劳资关系从产业高度下放到了公司层面；而在欧洲其他许多国家，不仅法定最低工资更高，而且有适用于全国的统一行业工资标准。

在德国，工资规定的权力下放发生在以下几个层面。一个是行业集体谈判协议的覆盖范围减少，其中包括越来越多的公司和雇员（参见第三章）。其中一个重要因素是制度化的阶级斗争，因为许多公司脱离了雇主协会，而随之脱离了工资规定的适用范围。这导致了另一个重要的发展，即集体谈判协议的灵活化。20 世纪 90 年代中期，为防止集体谈判制度作为一个整体受到进一步的损害，工会为公司偏离行业工资协议的做法扫除了障碍。根据由此产生的协议，企业家可以进行大规模减薪，特别是在低工资群体之间。

因此，德国竞争力的提升早在《议程 2010》出台之前就开始了，直到后来德国资本主义依然挣扎于重新统一的代价，该议程才起作用。《议程 2010》并没有直接产生更多就业，但确实增加了工资压力，而工资已经下降了近十年。这促成了德国经济当前的、在 2008 年金融危机后甚至有所提升的全球市场地位。然而，应当记住，南方世界的崛起在这里发挥了特殊的作用，因为德国经济凭借其"多样化优质生产"在国际分工中具有很强的比较优势，比如在机械工程领域。

然而，几乎可以肯定的是，《议程 2010》的改革促成了德国新的底层阶级。这一社会底层包括国家转移支付的接收者，他们通常被称为"哈茨四人"（Hartz-Ⅳers），以及不断壮大的低薪工人大军。

## 新的阶层化

　　从建立"活跃的"（active）劳动力市场到"激活"（activating）劳动力市场的政策范式转变，在领取补助金的人群之间确立了一个"绝对刺激"（strict stimulus）制度。[115] 这一制度迫使领取补助金的人不断满足令人感到压力的规定要求（比如工作申请证明等）。目前的趋势是，他们被压低至或甚至低于社会尊重的门槛，而这是衡量较低收入水平的社会标准。[116] 由于"贫困差距"（poverty gap），即"绝对刺激"制度与平均净工资之间的差距在不断扩大，领取失业救济金的人也被卷入了这一过程。[117] 虽然在相对有利的劳动力市场形势下，领取失业救济金的人数有所下降，[118] 但起点并不低。自 20 世纪 60 年代以来，"福利阶级"（welfare classes）[119]，也就是接受国家转移支付的群体 —— 在稳步增长。[120]

　　与中等或更高收入群体相比，领取失业救济金的福利阶级出现了尤其明显的相对脱钩。与低收入群体相比，他们的可支配收入几乎没有变化。在不稳定的充分就业下，劳动力市场出现了分化；对处于下半端的群体来说，工资往往低于前文提到的社会尊重的门槛。根据杜伊斯堡－埃森大学的一项研究，在 2012 年，德国几乎每四名雇员中就有一人的工资低于 9.30 欧元时薪的低工资标准。自 1995 年以来，低收入工人人数从 590 万增加到 840 万。在 2015 年引入一般最低工资标准以前，有 5%

的就业者（171 万人）实际收入低于每小时 5 欧元。[121]

低收入群体主要集中在服务业：呼叫中心、食品行业的非技术性工作、清洁和护理工作以及零售业。[122] 受影响最大的是女性和外来移民。对许多低薪工人来说，他们的工资几乎不足以负担生活开销。在 2012 年，130 多万的所谓"预备劳动力"（top-ups）从事着"迷你工作"，或从事着需要领取补助金的工作。[123] 自 2004 年以来，在职贫困人口几乎增加了一倍。在 2014 年，9.6% 的就业者陷入贫困 —— 换言之，他们的收入低于调整后平均净收入的 60%。[124] 作为欧洲最富有的工业国，德国在职贫困人口增长得比其他任何欧盟国家都要快。[125] 个体在职业等级中的地位越低，陷入贫困的风险就越大。[126]

## 向下流动社会中的失范

在一个仍然自诩上升社会的社会中，当实际上不再有任何向上的流动，规范性的不安全感就会增加。可能很多人小时候都试过在一个向下的自动扶梯逆行往上，在一个向下流动的社会中，许多人发现自己永久地处在这种境地之中。他们必须往上跑才能保持自己的位置。这导致了他们持续的担忧，以及"为了获得繁荣权利的地位斗争"（status struggles over the entitlement to prosperity）。[127] 罗伯特·K. 莫顿（Robert K. Merton）所说的"失范"（anomic）群集越来越常见。在这种群集中，构成社会整合先决条件的既定社会规范不断被侵蚀，并丧失效力。[128] 当似乎不再可能上升，也几乎没有团结行动的可能（比如以工会为依托）或是有可能但收效甚微时，人们就会更坚定地坚持自我优化策略。这导致了更为激烈的竞争，且几乎完全陷入竞争。许多人提高了自己的业绩，工作时越来越不受约束，[129] 试图始终保持高效。他们放弃了对美好生活或生活与工作之间平衡的要求；他们接受压力，放弃意义，然后更快地向前跑。"为了上升而作出更大牺牲抵消了"他们对自主性和自我发展的期望。[130]他们减少了对文化个人主义的沉迷，并越来越多地抛弃脱离市场的享乐主义（比如悠闲地学习）。被许多老一辈人认为是细枝末节和墨守成规的主张主导了他们的行为——一种"顺从的回归"（return of conformity）已经出现。[131] 很多人有一种强烈的感觉，即他们在不断踩油门，但由于手刹卡住了，车轮一直在原地旋转——一种"发狂但停滞"（renetic standstill）的感觉。[132]这种愤怒的生产主义是自我竞争心强的表现，显然，在不稳定、害怕向下流动和市场化加剧的背景下，不可能找到一条社交和团结的路径。绩效原则等社会规范变成自我主张的病态手段，扭曲为不循章法的应对策略。[133] 最后的结局，往往是筋疲力尽。[134]

与此同时，我们正在经历一场资产阶级狂热的真正复兴。人们对教育和社会地位提升的渴望变得激进，而责任心和纪律性等次要美德甚至在自由主义的环境中也有所恢复。生命的全部行为都是为了保持社会地位。[135]

在余下的闲暇里，人们对教育进行投资——要么为了自己的进一步教育，要么为了子女，这些子女从小就开始学习中文、练习小提琴或者被送进私立学校就读。在那里，他们应当学会成为现代的、有教养的人，以更好地承受日益加剧的竞争压力。然而，相较于其他群体的教育通胀，这种个体化应对策略立即起到了"完善封闭机制"（refined closure mechanisms）的作用。[136] 这导致了更为激烈的差异之战，正如布迪厄在他研究中的发现。[137] 优越的社会地位体现为更好的教育、有修养的举止、高雅的品位、艺术感、自由价值观和消费模式。其中，消费是一把双刃剑，因为它被视为一种特权，属于能够负担得起消费的人。它的外露特征给下层中产阶级的持家造成威胁。因此，下层阶级被认为不合理的消费方式经常受到尖锐批评，以示批评者的社会和文化优越性。[138] 新的底层阶级，如同人们惯常指责的那样，拒绝接受教育、不愿意工作，并且已经不再以向上流动为目标。[139] 中产阶级的地位焦虑同其他一些因素一起，造成了对弱势群体的经济学解读、负面分类和贬低，威廉·海特梅亚（Wilhelm Heitmeyer）关于德国人口仇外态度的长期研究（Deutsche Zustände）表明了这一点。[140] 在某种程度上，中产阶级已经放弃团结弱势群体；它通过封闭自身的方式建立了安全。在过去慷慨尚存的地方，如今回到更为严酷的道德、文化和行为观念之中。随着对"污染"（contamination）和"感染"（infection）的恐惧增加，人们试图与下层阶级这一"平行社会"（parallel society）严格保持最大可能的距离。[141] 总体上，他们不太愿意接受社会"对多元化的鼓励"（encouragements to diversity）。[142]

　　对实际经历了相对向下流动的不稳定的中产阶级来说，向下流动是个人的失败。在他们对自己工作的解读中，个人主义和宿命论占了上风。他们几乎不惜任何代价通过工作中的竞争融入社会。这也造成了对弱者、对被认为懒惰的人以及对被认为没有积极性的人的怨恨。[143]

因此，那些面临向下流动风险的人更加执着于自己过去的或是想象中的中产阶级身份。他们中的一些人仍然仪式性地保持着向上的目标，即使他们内心早已放弃了向上流动的想法。工人的社会形象不再是一种足够正面的自我描述。距离工人们建造七门之城底比斯已经很久了，且实际上不再有人视他们为社会解放的普遍对象。相反，工人被视为依赖者，一个作为个体没有成功过的人。工人阶级的集体身份被普遍争取中产阶级地位的努力所取代。[144] 总而言之，近年来，他们抛弃了对工人阶级的主观归属感，而越来越多地将自己算作中产阶级 —— 即使在向下流动。[145]

对于那些经历了向下流动或者位于劳动力市场下半端的人来说，几乎一切都发生了变化。过去，工人们仍然对自己的未来有着非常积极的想象，在为了向上流动和对自己负责而奋斗。现在，他们感到自己被排斥、被降级、被歧视，并且失去希望。他们很难继续相信自己会有更好的未来。[146] 升入更高阶级已经从他们的想法中消失了；他们不再关心自己的社会地位，而变得听天由命。[147]

## 新的阶级社会

在德国，向下流动正在催生一个新的阶级社会。其中，上层阶级生活在一个社会封闭、稳定的世界。中产阶级通过践行日益增强的社会封闭和文化差异进行自我复制。来自社会地位的控制和纪律与不稳定的工作和福利待遇相混合，正在构建一个新的底层阶级，[148] 固定在一个只有少数人能爬出既定阶层并向上升迁的社会环境中。他们没有被排除在有偿就业之外，而是被间接地（作为转移支付的接收者）或直接地（作为低薪工人）纳入其中。[149] 阶级很重要，并且其相关性正在增长，尤其和人们的预期寿命有关。自二战结束以来，位于前 10% 的男性与最底层 10% 的男性之间的预期寿命差距从四年扩大到七年。[150]

因此，阶级的概念重新回到社会讨论之中也就不足为奇了，社会现实推动了它的复兴。[151] 以前"隐身的阶级社会"（invisible class society）已被曝光于大家的视线之中。[152] 第一章概述了战后德国思想家有多频繁地宣称阶级社会已经终结。[153] 那时，工人阶级的社会升迁让人们对阶级的概念产生了相当大的怀疑。

因为其政治影响，阶级的概念依然受到质疑。尤其对于那些认为自己属于工人阶级的人来说，阶级观念越来越少成为 20 世纪的行动指南；一个自觉的无产阶级 ——"自为阶级"（class for itself）—— 很少出现，即使出现也是无谓的以毒攻毒。

因此，德国社会学也抛弃了阶级的概念，不再研究阶级和阶层，而是转向个体的生活条件和出身背景、种族和性别等横向差异问题，以及生活方式的意义（比如空闲时间的行为）。[154]

然而，今天我们至少可以说，对马克思的驳斥本身已经以某种自相矛盾的方式被驳倒了。在广义上，马克思主义定义的阶级社会已经重新建立起来。在马克思看来，阶级是一个相对的概念：把一个群体排斥在生产资料所有权之外意味着权力的根本不对称，并把工人与资本家区分开来。[155] 从这个角度来看，马克思的阶级概念在当下重新变得意义重大，有空前数量的人依靠工资生存，而这一点首先是因为他们不拥有任何生产资料。[156] 马克思所说的（工人）自在阶级（class-in-itself）在全国和全球范围内都有所增长。全球范围内，国家之间的社会差异很可能在近期有所减少，但国家内部的差异却大大增加了。[157] 不过，我们还不能论及马克思和恩格斯在《共产党宣言》中所预言的二元结构的阶级社会。[158] 尽管发生着向下流动，中产阶级仍然重要。

因此，分析现代阶级的最佳方法是"实用主义实在论"③（pragmatic realism），它涉及权力、剥削、封闭和生活机会等维度。[159]

使用这一方法需要借鉴韦伯和马克思的理论。德国社会学把阶级情况主要看作由财产和就业机会决定的市场情况。[160] 我们应视两种观点为相互补充。[161] 除了马克思的相对阶级概念，韦伯提出的工人阶级和财产阶级概念也再次变得重要。我们可以用马克思的观点理解对雇佣劳动依赖的普遍上升，用韦伯的观点分析特定群体（从银行家到呼叫中心的工作人员）的生活和市场机会及资源。如前所述，韦伯强调的地位原则也有所回潮，上层和中产阶级再次通过他们的生活方式维护了自己的地位，并在很多方面（饮食、文化、学历）进行分类，以加固他们作为特定群体中的成员身份。这些过程强化了阶级界限的社会封闭，[162] 贫富越来越成为一种社会性的传承。社会权力的地位最终表现为垄断租金和超额利润。如果社会升迁已不再可能，阶级结构化社会的"内部形象"（internal image）会得到强化，社会渗透性将继续下降。[163]

向下流动没有立刻产生生活在同质条件下的具体阶级，让我们能够阐明他们所拥有的相似利益。于是我们观察了新的阶级结构化。在吉登斯看来，这种阶级结构化以市场地位和流动前景、企业内部分工以及浓缩了系统性不利条件的支配关系为特征。[164] 对临时雇员、派遣工、兼职和分包员工、低薪群体、从事"迷你工作"的人、众包平台的员工、个体经营者以及补助金接收者来说，他们在多方面处于弱势，且缺乏社会经济公民权。这些特征构成了一个新的底层阶级的核心：他们几乎没有资产，也不拥有任何具备政治影响力的资源。比如派遣工不能成为所在公司的劳资委员会成员，即使他们已经在该企业工作多年。

然而，新的阶级关系是支离破碎的、复杂的，因此很难明确说明其中的共同利益。暑假期间不处于就业状态的助教在某些方面更接近技术性派遣工而非取得终身职位的资深教师。助教和技术性派遣工都发现自己处于高度不安全的劳资关系中，并且相较于同事中的长期员工，他们在薪酬和权利方面都处于劣势。而在被要求进行的工作和生活行为方面，他们与长期员工之间的差异甚至更大。

在财富拥有者和高级管理者的阶级之下，有一个不断壮大的高技能服务阶级，他们不享有与上级相同的工作保障。在拥有正常劳资关系、协商工资标准和劳资委员会代表权的长期员工与清洁公司工人或零售业销售人员之间，阶级结构化存在着无数差异。

现代阶级关系比贫富或上下的简单对立更为复杂。纵向的社会不平等与横向的差异相互交织。[165] 性别和种族分别形成了独立存在且不可简化的歧视结构。这些横向差异与特定形式的"二次剥削"（secondary exploitation）再度结合。[166] 其中，产生了一种超越"正常"资本主义剥削的阶级关系：首先受到影响的是不稳定的就业者，他们享有的低水平社会经济公民权与横向差异是分不开的。基于所谓先赋特征（比如女性"更适合"从事护理工作），女性和外来移民面临着特定的歧视。在这样的情况下，阶级关系与（横向）压迫相结合，产生了阶级差异。用女性就业来详细说明这一点：虽然近年来女性在劳动力市场上的地位有了很大提高，但相较于具有相同资历的男性，女性所获得的报酬仍然更低；担任领导职务的女性比例也更低。[167]1950年，德国的性别薪酬差距在40%到50%之间。[168]此后，虽然这一差距大幅下降，但仍有21%。[169]劳动力市场中的性别不平等在几乎所有方面都依然突出。[170]与此同时，关于女性歧视的讨论主要集中在机会平等的问题上（见第三章）。但同样重要的女性之间的社会不平等却很少受到关注。并非所有女性都面临相等的歧视。来自中产阶级的女性成为近期平等政策的"赢家"。[171]另一方面，在所有全职工作的女性中，三分之一只赚取最低工资。因此，虽然，德国女性确实获得了更为平等的权利，但女性之间的不平等从未像今天这样严重。因此，女性就业的增加意味着一种与之极为矛盾的倒退现代化的发生，因为女性在劳动力市场中的参与度的增加恰恰是"不稳定的前兆"（precursor of precarity）。[172]提高女性横向地位的方式，加剧了女性内部以及男性内部的纵向不平等。

虽然社会阶层上端的女性、男性和外来移民拥有更大的机会平等和缩小的横向差异，但在社会阶层的另一端，各个方面的阶级差距都在累积。社会地位较低的女性通常也面临最严重的歧视和最大的横向差异。一位女性经理受到平等对待的机会与一位外来移民的女性清洁工完全不同。简言之，在向下流动群体的下端，阶级、性别和种族融合成为一个压迫剥削机制的集合。

在社会现代性时期，尤其因为对平等社会公民权的保障，阶级地位上升曾是普遍趋势；但倒退现代化，即向下流动的社会，建立了多种向下的阶级结构化。大多数自由职业者或派遣工过着不稳定的生活，但对于少数人来说（比如前文提到的年轻且高薪的 IT 专家），这实际上让他们获得了自主性。一个"不稳定无产阶级"（precariat）作为新的社会阶层还没有形成；[173]迄今为止，既没有出现一个吸引大众的行动潜能，也没有能够抓住他们吸引力的阶级意识。[174]不存在个别的不稳定无产者，而是"许多不稳定无产者"（many precariats）。[175]他们的特征不仅取决于资历和劳动力市场的环境条件，还取决于其主观立场。一方面，不稳定的创作工作者，无论男女，都往往不得已而甘愿为之（"我无法想象有一个老板，我需要自由"）；然而，这种无忧无虑的自由最终往往需要依靠父母的保护。另一方面，过去的公共服务行业有着更强的对职业道路的贬低意识。此外，从事非技术性工作的"服务无产阶级"（service proletariat）内部仍然存在着分散的利益。[176]当代研究清楚地表明了当今德国工业工人意识中的偏见与矛盾。[177]只有在补助金领取者之间，才有可能观察到预示一个未来社会阶层形成的某种生活方式和观念的同质化。通常，他们负担不起与长期就业者相同的物质或文化消费方式。对于补助金领取者来说，羞耻感、对社会感染的恐惧或对位于融合区、脆弱区的朋友及同事生活的误解，导致他们与后者相互疏远。最终，他们几乎只在他们内部之间往来。[178]

因此，这些新的阶级结构化最开始只产生了"拟群"（quasigroups）[179]，即使这些群体面临着共同的问题且有着潜在的共同利益。我们仍然无法确定最终的结果，因为即使纵向的阶级关系再度出现，社会也已经多元化。[180]现在虽然已经出现了不稳定或无产阶级的条件，但尚未发现任何政治共性。我们处于一个"缺少阶级张力的阶级社会"（class society without class tension）之中，在这个社会中，阶级并不通过集体行动得以形成。[181]不管怎样，因为不稳定和向下流动，反抗正在发生，下一章将具体讨论这一点。

第五章

反抗

反对"哈茨四号"福利改革方案的群众集会和周一示威，"占领运动"，对核电、检视和重大建设项目的抗议，斯图加特愤怒的进步分子以及与他们对应的德累斯顿的右翼团体 —— 自世纪之交以来，我们目睹了德国社会的一场反抗复兴。[1] 尽管如此，与西欧和南欧的许多国家相比（这些国家真正受到了大规模抗议活动的冲击，尤其自 2007 年开始的金融危机以来），德国保持了相对的和平。欧洲各国首都发生了骚乱，同时出现了如西班牙"愤怒者运动"等新的社会运动，而导致成立了"我们能"（Podemos）等新的抗议政党。

然而，很难对这场高度自相矛盾的反抗进行整体解读。许多抗议活动只是偶尔短暂爆发。此外，这些抗议还呈现出一种规范性的混乱，因为许多领导先锋认为自己超越了传统的左右划分。是某些长期维系现代社会的社会承诺不再得到遵守 —— 这样一种观念，将他们团结起来。

通常，当很多人都认为自己受到不公平对待或权利受到侵犯时，社会冲突就会发生。工人运动的出现是对工业资本主义剥削的回应，女性运动的高涨则是由大规模和广泛的歧视经历推动的。在某些社会群体遭受多年羞辱之后，城市骚乱就会频繁爆发。这些抗议活动追求特定的正义，而这些特定的追求往往取决于抗议发生的背景：关于重新分配的诉求，以及对干预经济甚至产权组织的要求，暗含了一种"道德经济"（moral economy）。[2]

这种冲突不一定是经济冲突，也不一定与狭义的分配有关；它们还可能提出统治、社会地位或合法性的问题。每个社会为其成员分配等级和地位。通常，即使不属于上层阶级的人，也会接受这种等级地位秩序，但它们包含一种"隐性社会契约"（implicit social contract）。[3] 根据这种契约，即使是下级群体也享有特定的权利，而上层群体则有义务履行特定的职责。当权者在一定程度上保护失业者不被随意对待，即使是首席执行官也应该遵守法律。阿克塞尔·霍耐特为这一观点增加了另一个维度：在他看来，当对（法律）平等和待遇、自主性和社会价值的规范性期望受到损害时，冲突就会出现。如果一个社会群体的期望被系统性地辜负，这就可能成为"为承认而斗争"（struggle for recognition）的起点。[4]

因此，如果现有的社会秩序及其制度不再发挥作用，出现抗议运动是很正常的。[5] 例如，在西班牙和葡萄牙，金融和经济危机导致高失业率进一步急剧上升，而社会保障机制未能作出应对。年轻一代的失业率超过30%。社会现实不再符合向上流动的标准。

"社会问题"和与之相关的（阶级）冲突是否在向下流动的社会中重新出现？我预测的部分答案是，会重新出现，但不是以过去已知的形式。19世纪和20世纪初的阶级斗争或传统的无产阶级斗争，都不会重现。社会分化和多元化的车轮再也无法逆转；关于福利国家所构建的个体化形势的社会问题，现在以完全不同的方式提出。新的集体行为者只在发生重大冲突的过程中才会出现，在这些过程中，共同的实践和意义得以形成。

在描述向下流动形势下的新的社会冲突之前，有必要分析早期的冲突和抗议运动。概括地讲，我们可以说特定的时代以特定类型的冲突为标志。在早期资本主义中，社会斗争主要围绕摆脱旧封建秩序的政治解放、个体（经济）自由，以及法治国家和议会等民主代议机构的建立展开。领导这些革新运动的是开明资产阶级，由他们带领工人和农民。

19世纪中叶，随着资本主义大致稳固确立，有组织的工人运动首次出现在德国的历史舞台上。1863年，由费迪南德·拉萨尔（Ferdinand Lassalle）创立的全德工人联合会（ADAV）在其旗帜上刻下了法国大革命对"自由、平等、博爱"的要求。在这些年的自由资本主义以及20世纪上半叶的有组织资本主义中，政治局势是由"野蛮"和不受管制的阶级斗争决定的。

早期的德国工人运动为争取法律、政治和社会承认进行了广泛的斗争。这也为建立工薪阶层的具体身份奠定了基础，并形成了一个由工会和文化休闲组织组成的密集的关系网。[6]这一阶段的一个经典口号是"做一天公平的工作，得一天公平的工资"（A fair day's wage for a fair day's work）。[7]这个公式乍看似乎很简单，却表达了那个时代的一个关键问题。工人阶级遭受着巨大的贫困，生活在恶劣的条件下，被挤压在资本家的统治和行会师傅的特权之间。因此，这个口号主要指的不是重新分配，而是人的"尊严"（dignity）和"承认劳动是自立和养家糊口的基础"（recognition of labour as the foundation for maintaining oneself and one's family）。[8]19世纪下半叶发展起来的社会主义工人运动不仅为生产资料的社会化而斗争，也为普遍公民权——不受限制的普选权和女性的政治平等——而斗争。

然而，工人运动的政治运作方式在20世纪后半叶发生了变化。正是因为它的成功，工人运动的冲突实践已经适应了社会现代性的制度性安排。通过集体谈判、共同决定和福利国家，过去的"野蛮"冲突大幅减少。随着阶级冲突的制度化，德国工人运动基本上放弃了社会转型的想法。社会主义成了一个抽象的术语，多少有些难为情地隐藏在党纲中。现在，阶级斗争在很大程度上已沦为被严格管制的工资协商。尤其是工会，试图走上集体谈判的老路：提高工资、改善社会保障、缩短工作时间。"合理的一份"（a fair whack）这一表达的变体是典型修辞。这意味着将运动的诉求聚焦到分配问题上；而基本的认同问题几乎被排除在外，工人运动因此失去了其道德上的痛苦。[9]

德国冲突减少的前提条件是一个向上流动的社会。1968年左右，社会现代性达到顶峰，这是抗议浪潮的起点。[10] 这是一场反对传统、等级制度和资本主义副作用（如生态问题）的反威权主义运动。在这些行动之后，出现了"新的社会运动"，后物质主义一代为其提供了社会和意识形态基础。[11] 这些人和"新中产阶级"的成员努力在现有秩序内获得更大的自主性和参与权。[12] 他们较少关注分配，而更多关注身份和认同问题。[13] 从历史上看，德国政党制度也体现了社会冲突的普遍结构：[14] 随着社会民主党（SPD）的成立，阶级斗争或劳资冲突得以制度化，而后物质主义的诉求则由绿党固定在议会制中。

如前几章所示，最近的社会方向发生了变化。向下流动已经出现，其特点是不平等的加剧、频繁向下的社会升级、社会经济公民权的破坏以及新的阶级结构化。

如前所述，德国西部只有29%的就业者，而在德国东部只有不到 15% 的就业者，为既有劳资委员会又有协议工资制的公司工作。对许多群体来说，失业日益损害了他们的社会融合：这意味着不再被提供充分的社会保障、声望以及尊重。大的群体则面临集体认同的缺乏。[15] 社会现代性中潜在的阶级分化重新变得重要，同时，阶级冲突正在"去制度化"（de-institutionalized）。[16] 但这并不意味着阶级斗争的回归，阶级斗争失去了原有的社会基础——准备行动且意义共享的传统工人阶级。

新的冲突在缺乏透明度和日益不稳定的情况下出现。传统的阶级忠诚与身份（事实上，体制和组织的纽带整体都）有所削弱。社会结构的分化和生活方式的个体化融化了政党和工会等旧集体组织的冰川。20 世纪 70 年代末，有三分之一的德国工人仍属于全国最主要的联盟——德国工会联合会——下的某个工会，[17] 而到了 2013 年，这一比例已降至 18%。自 20 世纪 90 年代以来，社会民主党和基督教民主党都失去了大约一半的成员。

不过，这并不意味着政治或社会承诺的下降，相反，政治活动变得更具情境性、选择性和不受约束，而制度化的代议制民主参与有所减少。即使是工会和左翼政党也不再在仍有可能的情况下试图维持冲突的传统结构。大多数大型组织都认为，以阶级问题为导向的政治是不合时宜的来自过去时代的遗物，在采用社会市场经济发展模式的社会中已不再重要。

因此，政治中几乎没有涉及这一社会问题，或者只是非常有选择性地涉及。在后民主时代，就物质约束达成的共识阻断了利益表达的通道。然而，这导致了"表征危机"（crisis of representation），以及议会民主的危机。[18]

在 20 世纪 70 年代，造成需要由社会运动解决的合法性缺陷的仍然是"晚期资本主义"（late capitalist）国家干预；[19] 但是现在，合法化问题由新的社会和民主不平等产生，而这些不平等过去一直被"古老的"晚期资本主义国家所遏制。[20]

## 围绕工作和社会诉求的新冲突

值得注意的是，前西德战后历史上最大的两次社会抗议并非直接由不平等或正义问题产生，但两次抗议都涉及社会经济公民权，尽管旗号不同：一次是反对社会经济公民权的不足，另一次是反对社会经济公民权被破坏。

1952 年，数十万工会成员抗议企业法的通过。这项法律本应保证工会成员在企业管理方面拥有更大的发言权，但该法律草案远远没有达到预期，甚至低于现有法规。1951 年的矿冶共同决定法保证了工人和雇主在大公司监事会中的平等代表权。对于工会来说，共同决定是经济民主的一个关键因素，在这种民主中，雇员与资本代表平等地决定政策。然而，新的企业法草案虽然在很多方面为工人提供了更大的发言权，但并未成功地将以平等为基础的共同决定扩展到所有领域。此外，工会代表担心他们会因为劳资委员会被法律赋予自主性而进一步失去影响力。在工会看来，新的企业法没有实现经济民主的目标，这一点将在随后发生的事件中得到证实。[21]

第二次大规模的社会抗议是针对《议程 2010》。[22] 一些左翼团体和失业者协会、另类全球化网络 ATTAC 和一些工会成员呼吁于 2003 年 11 月 1 日在柏林举行"反对大规模社会削减"（against sweeping social cuts）的示威游行。据保守派观察人士估计，有超过 10 万人参加游行，而不是预期的 2 万 5 千人——这在最近的抗议历史上是一个惊人的高数字，尤其是考虑到没有任何大型组织参与其中。当时，人们普遍充满不满和愤怒，许多偶然发现抗议的路人自发地加入了游行队伍。2004 年初，最初考虑到与社会民主党传统的紧密关系而不愿意谴责新措施的德国工会联合会，在四个城市动员了 50 多万名示威者。这比半个多世纪以来因社会诉求上街游行的人数还要多。同年秋天，一种更为人所知的、但在当时的背景下令人惊讶的抗议形式出现了——"周一示威"，其目的是通过仪式性的重复表明他们的坚定决心，直到诉求被满足。在东德革命的过程中，周一示威是抵抗的重要手段。当时，集会要求政治自由；如今，这些集会反对"哈茨"法案对社会公民权的破坏。失业者负责了周一集会的总体组织工作——众所周知，动员不稳定无产阶级是个难题，因此这是一个了不起的发展。[23] 当时出现的一些团体今天仍然存在，并进行示威游行。

这场抗议浪潮是左翼党（Die Linke）这一新政党的基础，左翼党把从前的民主社会主义党（PDS）与社会民主党被称为"劳动和社会公正-选举替代"（WASG）的一支相联合；左翼党主要组织和代表那些面临向下流动风险的群体。[24] 此处，社会问题在政党政治中重新得到体现。

虽然政治舞台上的社会抗议活动因为《议程 2010》而有所增加，但工作场所最初大体处于平静状态。事实上，在德国战后历史上，这是罢工最少的阶段，即使德国人整体没有很强的罢工倾向。这与德国的劳资关系有很大关系。在罢工之前，需要制度的层层过滤和不同程度的妥协，工会集权化程度较高，沿袭下来的社会伙伴关系传统仍然具有影响力。[25] 在战后社会，工会和雇主协会将他们过去的敌对关系转变为一种合作关系。他们的目标是将经济动态与社会平衡结合起来。工会往往将罢工视为"墙上的装饰剑"（sword on the wall），只把它作为最后的手段。[26]

直到 20 世纪 90 年代，工会的软弱使他们主要专注于捍卫现有的制度资源；[27] 这导致集体谈判仍在许多领域进行，罢工次数几乎降至零。在 20 世纪六七十年代，争端主要出现在工程、电气和化工行业。之后的十多年（对化工行业而言甚至更长的时间）里，完全没有发生过罢工。金融危机后，这些领域的工会更加以社会伙伴关系为导向，因为这一立场似乎能够带来稳定。[28]

然而，在其他经济行业，集体谈判受到了显著的侵蚀，以至于最低工资制首次成为必要，以保证最低社会保障的实现。工会，尤其是服务行业的工会，甚至将最低工资的实施视为他们漫长运动中的一个成功，尽管他们必须承认这也是他们在谈判中处于弱势的体现。

然而，自 2008 年左右以来，罢工数量出现了缓慢但稳定的上升。[29] 据德国服务行业工会（ver. di）统计，罢工等工业行动从 2004 年的 36 起增加到 2012 年的 200 多起。食品、饮料和餐饮业联合会（NGG）也记录了越来越多的罢工事件。[30] 罢工的职业群体包括高速公路服务站工作人员、锁具操作员、公交车司机、机场保安，甚至包括现金运送公司员工。2015 年，德国爆发了一场在过去不可想象的罢工浪潮，[31] 在公共服务（社会工作者和小学教师之间）、邮政、铁路、医院以及亚马逊，发生了持续数周的激进停工。

这些新的斗争几乎都发生在服务业。这是社会冲突去制度化最快的地方，也是工资协商制度受损害最严重的地方，而且最重要的，这也是地方斗争数量稳步上升的地方。[32] 由于服务业的雇主在行动上特别强硬，现在这个行业"几乎没有一天不罢工"（hardly a day without a strike）。[33]

最近的一些罢工是由具有特定"行业"（trade）基础的小型工会发起的，比如飞行员协会（Vereinigung Cockpit）、医生协会（Marburger Bund），或者铁路火车司机工会（GDL）。由于这些工会成员在劳动力市场上享有特别稳固的结构性地位，他们的罢工经常被媒体描述为可耻和自私的。然而，这种解读掩盖了这些冲突的社会基础——这些冲突往往是由倒退现代化的矛盾后果造成的。过去当铁路、空运和医院属于公共行业时，其员工是公务员，或许享有不错的工资协议。但如今，这些公司已经私有化或者至少按照私有制原则运营。对许多员工来说，这意味着失去地位、社会保障和保障工资。面对这种恶化，大的工会普遍无能为力，在某些情况下，比如铁路工会

（Transnet），他们甚至推动了对准私有化的尝试。[34]

最终，过去的工会据点被夷为平地，弱势和强势职业群体之间的传统联盟差不多被摧毁。这将德国工会联合会下的主要工会置于一种尴尬的处境，因为他们继续组织着权力最小的工人群体，而拥有稳固结构地位的群体——飞行员、医生和火车司机——以职业为基础团结起来，重返集体谈判。因为降薪罢工的，也就是这些组织。

随着冲突形式的改变，标志着工人运动复兴的服务业罢工就显得尤为重要。由于常规的集体谈判（如果确实进行了谈判）现在经常失败，冲突已不再按照熟悉的路线发展，也不再被仪式性地精心策划。如今，象征性行动（如在衣服上印标语、快闪、网络运动和社会运动的其他工具）更频繁地被用于工业领域的斗争中。

新的罢工组织也更加民主。传统上，虽然成员会在冲突开始和结束时进行投票，但工会领导层控制着罢工的进行。随着2009年和2015年社会和教育服务（幼儿园、青少年和残疾人机构）的罢工，代表大会频繁举行，以便工人在罢工中发挥更直接的作用。这是非常成功的：被动员的工人比最初预期的要多得多。

这些罢工是最近这段时期的特征，其中，承认是一个关键问题。这些充满道德的社会冲突不是为了获得小幅加薪，而是为了尊严、地位和尊重。[35]2015年，德国服务行业工会在社会和教育服务业组织的停工就是一个很好的例子，其关键主张是要官方承认对教育工作者的诉求——服务业工会提出对他们的劳动进行"重新估价"（revaluation）。工会认为，这种承认应该体现为更高的级别、更高的地位和更高的工资。幼儿园教师的工作需要完成专业的教育任务，但他们常常觉得自己受到的待遇和保姆差不多。另一个例子是清洁公司的员工（几乎都是女性），她们不仅拿着很低的薪水，而且觉得自己的工作和存在被客户和公众忽视。因此，2009 年德国清洁行业的首次全国性罢工被描述为"隐形人的反抗"（revolt of the invisible）。女工通常是不稳定的，且大都是外来移民，过去很少以"无产阶级先锋"（vanguard of the proletariat）的身份（这个角色几乎总由技术性工人担任）出现，而现在，她们成了焦点。近年来，发生在在线零售商亚马逊、邮政和零售业的斗争中（通常以"零售业需要更多尊重"［greater respect in retail］的口号发动罢工），或者发生在卫生领域日益加剧的冲突中，工人们越来越多地争取对他们的社会经济权和尊严的承认。在亚马逊和邮政服务的斗争中，关键问题是工人的地位，以及（与此相关的）他们能否签订保障权益的工资合同，如果能，工资标准是多少。作为数字经济领域的领先企业之一，亚马逊最初拒绝向员工提供任何集体协议；它只为物流部门准备了基于极低工资的协议。但此外，服务行业工会要求按照零售业和邮购销售业准备工资协议，这显著改善了工作条件。尽管利润在不断上升，但邮政决定将其部分业务和员工外包给 49 家新公司，这些公司将不再受之前相对慷慨的工资协议约束，而是向提供较低工资的竞争对手（比如私营包裹递送公司赫马纳仕［Hermes］）看齐。这意味着相较于旧的工资协议，工人的地位显著下降。据服务行业工会估计，这些新的子公司的员工收入减少了约 20%。[36]

发生在医院的争端形成了一种不同的动态。受职业道德影响，护工在传统上不愿意引起冲突，但如今在许多情况下，正是因为资金不足和人员短缺影响了其道德诉求的实现，他们才发起抵抗。[37] 所有这些争端都涉及新的道德冲突，但归根究底，问题在于合同规范的再制度化；在没有商定工资和劳资委员会的行业，这是经济公民权在企业层面的首次应用。

社会冲突的这一变化也影响了德国工会联合会在工业领域斗争之外的组织实践。[38] 虽然普遍希望合作和保持社会伙伴关系，但也出现了冲突导向的次级战略。金属工业工会（IG Metall）就是一个很好的例子：它没有经历任何颠覆性的战略变革，在其核心领域，特别是电气、钢铁和汽车行业的大公司，它继续追求社会伙伴关系。但在行业和地方层面，情况发生了变化，因为活动人士摒弃了传统的行为模式和日常惯例，并发明了创新性做法。[39] 例如，在北莱茵－威斯特法伦州，金属工业工会作了一些计划，这些计划除了让其成员更好地融合，还设想了更多的战略，比如一场有力的运动，用以激励劳动力，尤其是工会自身的成员。"更好，而非更便宜"（Better, Not Cheaper）运动结合了参与式和以薪酬为导向的做法。工会的"积极集体谈判"（TarifAktiv）方法则试图向违反工资协议的公司施压。为了参与谈判，工会在公司层面设立了工资委员会。2008 年，金属工业工会还成立了一个中央组织部门，由其支配国家资源。在工会看来，没有走上合作道路的公司在或温和或强硬的压力下被迫接受合作。通过这种方式，工会在多年的努力之下，成功实现了派遣工与长期员工之间工资协议的（相对）平等。为此，它有意地将派遣工组织起来并发明了新的参与形式，但同时也动用了长期员工的力量。在过去一直没有工会组织涉及的风能等创新领域，也出现了系统性运动。组织者被分成小组部署在特定的公司，（比如）到工人家里进行拜访，以便通过直接讨论让他们参与进来。小组一起发放传单、计划行动、与媒体联系。目标基本上是为工人赋权，让他们从公司内部发起自己的运动。在某些风能企业，这已经取得了成功；金属工业工会不仅招募了数百名新成员，还成立了劳资委员会，并通过罢工行动达成了工资协议。[40]

本章所描述的事态发展表明，劳资冲突已经再次增加。但冲突的增加只是一个因素。在许多斗争中，有争议的问题也在变多。2015 年，德国服务行业工会在社会卫生和教育领域的罢工与社会再生产领域以及夫妻在家庭和育儿方面的社会分工问题有关。[41]

关于居住空间和城市生活质量的冲突最近也介入了这场争斗。在工业服务业，生产更多地转向城市中心，虽然租金上涨，但收入却有所下降甚至停滞。在德国 20 个大城市中，有 19 个城市的最低工资不够生活开销。[42]城市空间一直是社会冲突的舞台，且这种趋势有所加剧。[43]欧洲央行的低利率造成了一种特殊形式的空间不平等，房价和租金的大幅上涨以及士绅化（gentrification）将收入不足的人口赶出了整个城区；近年来，这一过程在德国各地引发了越来越多的地方抗议活动。其他地方则存在幼儿园、交通运输连接以及公共空间的短缺。例如，在汉堡，有抗议运动声援被赶出破败的另类文化区的艺术家；在柏林，一场公投成功阻止了在滕珀尔霍夫机场旧址上的建设施工，如今这里仍然是一个可以自由进入的公共空间。

## 因向下流动而起的冲突在全欧洲出现

对比南欧和西欧，就可以清楚看出德国的局势是相对平静的。德国的冲突在很大程度上仍然处于潜伏状态，这无疑是由于目前经济和体制的稳定。南欧发生了几次大规模抗议浪潮，最终导致了一系列大规模的集体罢工。[44] 引发这些罢工的导火索往往是因为工会被排除在政治谈判之外。[45] 在这些冲突中的交战也有所增多。在法国以及其他欧洲国家，都出现过几次"劫持老板"（boss-napping）的情况。[46]

欧洲的冲突动态需要进行单独的详细研究，此处只能作简单概述。但分析这些冲突，也必须将它们置于欧洲社会现代性瓦解的背景之中。南欧国家目前正在实施的劳动力市场自由化，德国在《议程 2010》后已开始推行。

自二战以来，大多数欧洲国家社会发展的基本路线是相似的。1945 年后，在北欧、西欧，以及独裁政权倒台后的南欧国家之间形成了新的社会共识。[47] 由此，出现了更为全面的福利国家、显著增加的社会支出，以及为开创混合经济而不断推进的国有化。[48] 此外，社会流动性同样有所增加。[49] 然而，在 20 世纪 70 年代末，欧洲福利国家的鼎盛时期结束，资本主义进入后增长时代，钟摆开始回荡。在接下来的二十年里，收入不平等缩小的速度逐渐放缓，并最终转而开始扩大。从 20 世纪 70 年代起，财富不平等加剧，向上流动出现停滞。[50]这些变化是自由化和大规模放开市场力量的结果，发生在德国，也发生在其他地方。[51]

在 2007 到 2008 年的危机之后，南欧国家面临金融崩溃。各种欧洲援助计划齐头并进，欧洲央行被迫多次进行干预。在这样的情况下，受危机影响的国家被迫采取严厉的紧缩方案，只有大幅削减国家债务才能获得新的信贷，但在银行的援助操作下，这些国家出现了债务膨胀。[52]福利国家的规模被削减，卫生和教育部门所取得的成就前功尽弃。

2010 年，希腊发生了自 1974 年独裁政权倒台以来规模最大的抗议运动。在雅典、塞萨洛尼基和其他城市，五十万人走上街头。葡萄牙、英国、法国和意大利也发生了大规模抗议活动。[53]工会和左翼政党在社会中仍然相对稳固的葡萄牙，也是冲突起因发生变化的一个好例子。参加左翼势力组织的示威活动的人数远低于由四名脸书活动人士发起的示威活动——在当时仅有的一千万人口中有超过十万人（主要是年轻人）走上街头，反对不稳定的蔓延。

过去十年间，除了这些大规模抗议活动，欧洲还出现了另一种形式完全不同的反抗：城市暴动。这种反抗并非对紧缩政策的直接反应。骚乱震动了英国、法国甚至瑞典等不同国家的首都。这一事实表明，骚乱是欧洲社会冲突的普遍表现。在所有国家的情况中，失业率高的贫困、多民族地区尤其受到骚乱的影响；这些地区的居民不仅在社会和公共话语中感到被歧视，而且在所谓预防性治安战略下，非白人群体经常在没有任何实质性理由的情况下被拦截和搜查。[54] 对于受歧视地区的居民来说，他们的邮政编码确实阻止了他们向上流动。任何来自这些弱势地区的人，比如巴黎郊区的人，他们的工作申请会因为地址被否决。[55] 发生的骚乱表现了边缘化、污名化和公民平等承诺的失败；对受社会排斥的群体来说，它们至少是、但也仅仅是一种"道德升级"（moral escalation）。[56] 这些骚乱没有制定计划，很少提出具体诉求，也并未遵循任何集体决定的行动模式。它们是对未能达到最低民主和社会标准的愤怒情绪的发泄，而这种发泄的后果主要由居住在这些地区的外来移民所承受。

## 后习俗抗议

金融危机导致了一种新型的后传统抗议活动出现："占领运动"的营地驻扎和西班牙"愤怒者运动"的行动。通过社交媒体组织，参与者占领了公共空间并搭建了营地。在欧洲和北美，出现的新的抗议运动认为自己是民主的实验室，是对向上流动预期的落空作出的反应，是关于社会公民权和参与权的冲突的体现。它们往往是吸引年轻人和相对高技术群体的城市运动，对这些群体来说，现代资本主义没有兑现其通过教育来实现机会平等、向上流动和社会保障的承诺。这些运动既是社会冲突去制度化的结果，也是抗议本身基本去制度化的表现。尽管完成了学业，年轻人却只能从不稳定和大材小用的工作开始做起，甚至经常出现毕业即失业的情况。沃尔夫冈·克劳斯哈尔（Wolfgang Kraushaar）将这些最近的抗议活动视为"受教育者的反抗"（revolt of the educated）。[57] 他的调研表明，德国的"占领运动"实际上是一场既有技术人员、也有不稳定就业者的抗议运动，"占领运动"的活动人士中只有大约 40% 享有正常的劳资关系。[58] 其中，三分之二的活动人士至少完成了中等教育并开始接受高等教育，但只有少数人找到了与他们教育背景匹配的工作。三分之一的就业者说他们的条件高于目前工作的要求。在西班牙，年轻一代的活动人士也有着前所未有的资格水平，他们掌握外语，并有海外的工作经验。然而，他们无法建立自己的家庭，必须继续与父母住在一起，因为他们没有领取失业救济的权利，也买不起自己的房子。

连续数月备受关注的西班牙"愤怒者运动"是这场新运动的起点。2011 年 5 月 15 日，他们通过互联网召集了 58 个城市的集会，抗议活动开始。一个月后，80 个城市发生了示威活动，超过 100 万人参加。数万人参与了营地驻扎和集会。[59] 他们的要求——"真正的民主，现在！"（¡Democracia real ya!，real democracy now）在西班牙境外也广为人知。

"愤怒者运动"的灵感来自"阿拉伯之春"，尤其是发生在开罗解放广场的抗议活动。很快，"愤怒者运动"自身激励了新一批活动人士。2011 年 9 月，约两千人占领了曼哈顿的祖科蒂公园——近年来最重要的抗议运动之一诞生了："占领华尔街"（Occupy Wall Street）。[60] 该运动从一条直接提到"阿拉伯之春"的推文（"你们准备好迎接解放广场时刻的来临了吗？"）开始，目标在大城市的公共空间建立大会式民主（assembly democracies）——这一点受到了"愤怒者运动"的影响。[61]

这座靠近纽约证券交易所的小公园成为抗议新浪潮的空间和象征性起点，而这波浪潮仅在一个月内就席卷了全球。2011年10月15日，"占领运动"的第一个国际行动日，仅在德国就有四万人进行示威，数百人在公共场所搭建营地。

"占领运动"的国际标志是"99%"（"We are the 99%"）的口号，作为"1%"的超级富豪越来越多地将99%的人排除在社会繁荣和政治影响力之外。这一口号既体现了经济分配（向下流动）的维度，也体现了政治统治（后民主）的维度。并且，它宣称至少象征性地代表了大多数人口。

在许多方面，"占领运动"与"新的社会运动"（new social movements）有共同的价值追求。它的大多数活动人士采用了后唯物主义的态度：对他们重要的是自主性、参与和自决权以及创造力和自由。不过，"占领运动"也超越了这一点。1968年后的许多运动都受到了对社会现代性规范的艺术批判的启发，同时逐渐放弃了政治经济问题。而"占领运动"的活动人士将这两种形式的批评相结合，主张社会正义和再分配。[62]

因此，"占领运动"击中了一些根本性的东西。新的社会运动主要追求的是"社会中的计划"（projects in society），而非"作为计划的社会"（society as a project），之后的工人运动同样如此。[63]但随着"占领运动"的发生，一场将整个社会的重组理解为其计划的系统性运动突然在抗议的舞台上重现。[64]系统性在于这场运动的本质：首先，它着重指出了被政界人士认为是"系统相关"（system-relevant）的银行在金融危机中的作用，将其作为批评；其次，它证实了资本主义在过去经历过一场真正的"系统性变革"（systemic change）[65]；第三，它将民主问题指向了整个政治秩序。

出现在欧洲和北美的新运动以一种非常规的方式作出回应。一个具体方面是他们的民主民粹主义（democratic populism），因为和"建制派"（establishment）的明显疏离而更加活跃。他们与政治精英和传统的利益表达形式（如工会和政党）进行了明确划分，将社会冲突与对属于多数人的"真正"民主的呼吁，以及他们对持久大会式民主的实践（搭建营地）联系起来。

"占领运动"以堪称典范的方式展示了它与传统政治的距离：大约一半的活动人士不信任任何政党。甚至左翼政党也被许多人视为问题的一部分，而非解决方案的一部分。在 2012 年的联邦选举中，"占领运动"在德国的大多数支持者确实投票支持左翼党，但其中四分之一投了弃权票或空白票。[66] 主要政党只得到不到 5% 的支持。虽然将自己归为左派的活动人士占相对多数，但有近一半的活动人士拒绝任何左右的划分。

激进民主的冲动代表了一种明显反制度的政治形式。除了持久大会式民主之外，这些活动人士基本上不接受任何传统的组织形式，包括代表和委托原则。否定一切结构和领导人物的政治横向原则（the principle of political horizontality），因此被激进化为"第一人称政治"（first-person politics）。所有形式的等级制度、固定身份和政治规范都遭到拒绝。在横向政治中，参与者很可能共同行动，但没有从中协调的机构。[67]

  然而，这种政治方法有其固有的问题。参与在内的显然不仅仅是"行动集群"（acting crowd），[68]但模糊的身份（soft identity）同时意味着参与者的低程度联结。对于需要承担家庭责任或时间有限的就业者和公民来说，持久大会式民主的激进民主性"包容"实际上具有排斥效应。只有那些全职参与其中的人才能真正发表意见，产生有效影响。这造成了一个自相矛盾的结果：这场运动虽然表现出了资本主义与民主之间的张力，但在实践中，普通人却被"后民主地"（post-democratically）排除在外。

  在这一初始时刻之后，各个运动走上了截然不同的道路。主要因为没有组织或领导人物，"占领运动"本身基本上消失了。在西班牙，这个过程最终产生了一个行为的悖论。首先，这场运动将自己重新定位，许多活动人士开始参与反对驱逐居民的斗争或参与建设当地的团结设施 —— 集体厨房、咨询服务、医疗保健 —— 就这些设施而言，政府的供给在很多情况下成了紧缩政策的牺牲品。西班牙的传统左翼政党联合左翼（西班牙语：Izquierda Unida，United Left）未能成功地与这些志愿团体建立有机联系，最终，"我们能"于 2014 年成立。这一政党对紧缩措施的反对针对整个建制派 —— 他们称建制派为西班牙政治中的统治"阶层"（caste）。[69]"我们能"将自己视为一种新型政党，即字面意义上的民粹主义政党，远离传统的左翼修辞和既定的政治形式。[70]它没有受规则、程序或协议约束的下属团体，而有被称为"圈子"（circles）的尽可能让更多人参与的会议。不过，作为一个政党，"我们能"本身受制于议会制的机制。但最重要的是，它标志着与"愤怒者运动"中相对缺乏领导的局面的脱离；现在，这一政党更倾向于魅力型民粹主义（charismatic populism）的模式，这在其对媒体友好的主要候选人巴勃罗·伊格莱西亚斯（Pablo Iglesias）身上就有所体现，他最终削弱了草根民主（rank-and-file democracy）的很多要素。[71]

## 筑起人墙的公民

近年来的公民抗议代表了德国另一种发挥过相当重要作用的冲突。在许多地方，人们反对架设新的输电线路和大型建筑项目，反对互联网监控和审查，支持和反对风力涡轮机，反对核动力和教育改革。[72] 在这些抗议的参与者中，那些反对斯图加特市中心城市重建计划的抗议者是一个很好的例子，媒体轻蔑地把他们描述为"愤怒公民"（*Wutbürger*，angry citizens）。他们反对改建旧斯图加特火车站 —— 这一项目将耗资数十亿美元，且在建筑、交通、经济和生态方面都存在问题 —— 他们的抗议成为公民社会政治参与复兴的一次示范，使现行政治陷入混乱。

德国的这种抗议活动当然不是新现象。在 20 世纪 60 年代和 70 年代初，就已经出现了一系列倡议和公民社会抗议运动，于某些方面远远超过今天。[73] 尽管公民运动在民主政治方面很重要，而且参与者有着合理的关切，但自相矛盾的是，公民运动本身是后民主群集的一部分。

20 世纪 70 年代末和 80 年代的公民运动更多地关注单一问题，绝不像最初的 1968 运动者那样具有革命性和反资本主义。不过，总的来说，改变社会的要求仍然充斥其中。反对核电站和建设项目的斗争与后工业可持续性、团结第三世界以及追求新的生活方式有关。女性解放运动不仅要求获得领导岗位的平等机会，还要求废除父权制。相比之下，今天对社会提出的诉求是相当胆小的。在某些情况下，这些抗议遵循"邻避效应"（not in my backyard，NIMBY）的逻辑。只有抗议者周遭的问题会导致冲突发生，他们只在此基础上反对新的发展。

几乎所有的新公民运动都对既存的民主及其代表、政治家和专家以及议会机构表现出不满。[74] 然而，对民主的批评并没有阻止其支持者大规模参与投票，甚至加入政党。在这方面，它们类似于 20 世纪 70 年代的社会运动，当时人们经常谈论纯粹的形式民主。今天的抗议运动批评决策缺乏透明度，因为决策首先考虑的是经济利益或者作为由于物质限制而别无选择的结果，比如"斯图加特 21"工程或者法兰克福机场的扩建。这些运动主张从新项目的开发到公民投票的各个层面都要有更多的参与。然而，参与本身往往是一个阶级身份的问题。

一些公民的抗议活动，比如"斯图加特 21"，"在社会学意义上是实实在在的公民抗议"。参与其中的人首先是教育水平高、物质资源充足的人，而且"参与的愿望越强烈，越高的受教育程度就会贯穿其中并显示其权威"。[75] 通过公民倡议或公民投票来扩大民主参与，最终甚至可能加剧社会不平等。例如，

2010 年在汉堡举行的公投推翻了市议会在跨党派基础上同意的教育改革。按照最初的计划，这项改革旨在让学生在同一个教室里学习更长的时间，以期缩小人们所感知的就读传统高级中学（Gymnasium）的优势。参加公投并投票反对改革的人首先是来自该市较为繁荣、失业率较低地区的公民。[76]

从这个角度来看，参与总体上是民主中一个矛盾的因素。诚然，更高的平均受教育水平以及更广泛的投票选择极大地拓宽了自主性的体验，但在个体增加决策投入的同时，他们也在日渐怀疑尊重不同群体利益的折衷方案。一般来说，现代个体不再融入集体道德环境，而是部分地抱持着市场公民消费者的期望，如果没有得到想要的东西，他们很快就会受到挫折的困扰。公民权利的个性化与个体的规范性期望相呼应。[77] 然而，这样的发展变化影响了当代抗议活动的有效性。当代抗议活动是现代社会现代化的一个重要因素，基本等同于它们的"免疫系统"。[78] 但如果权利的行使变成了不妥协的自我主张，并且没有认识到民主制度中代表、多数原则和平衡的必要性，它们也可能成为一种自身免疫疾病，最终摧毁系统。一些"愤怒公民"的抗议活动尤其有往这个方向发展的倾向。很多成功进入资产阶级的前 1968 运动者属于这一群体。他们零星参与当代抗议活动，与其说是作为寻求塑造共同生活的公民，不如说是作为自我觉察的技术社会先锋代表。一种特殊的变体是"专家公民"（expert citizen），他们被卷入"以情绪为燃料"（affectively fuelled）的抗议活动中。[79] 工程师、技术人员、计算机专家、地理学家、生物学家、物理学家和律师通常是这种类型的代表。

他们不以政治世界观为导向，而是遵循逻辑、技术和科学的论证路线，在理性主义的基础上为行动制定明确的指导方针。通过这种方式，将决策委托给身为专业人士的"专家公民"本身成为后民主进程的一部分，因为他们试图用技术官僚的决策取代政治商议，并寻求必然旷日持久的妥协。在许多参与其中的人中，公民投票式的草根民主取向掩盖了一种"威权冲动"（authoritarian impulse），这种冲动偏向于由专家来负责高效的日常生活。[80]普通民众的参与和对由专家进行指挥的渴望不一定相互排斥。[81]

## PEGIDA（反西方伊斯兰化）[①]：愤怒的右翼公民

因此，另一种公民抗议，即特权阶层的排他性抗议（同样也有历史先例）越来越常出现也就不足为奇了。当"占领运动"高喊"我们就是那99%的人！"时，在德国被称为PEGIDA的右翼抗议组织高呼："我们是人民！"在德累斯顿和莱比锡的街上行走的人群（看上去更像是在游行）异常阴郁，并对"谎言媒体"（*Lügeenpresse*，lying press）进行口头攻击。[82]自2014年底以来，他们的集会在稳步增长，就像施了魔法一样；PEGIDA组织委员会内部的分歧造成了暂时性的下降。但难民危机给PEGIDA带来了新的动力，2015年12月，再次出现了数千人参加PEGIDA的"周一散步"活动。

PEGIDA在德累斯顿的崛起和成功得益于当地和所在地

区的特殊环境。在德国，几乎没有哪个州的政治文化像萨克森州那样保守，公民与政治如此疏远。除此之外，德国东部各地的男性都害怕他们会再次依赖公共援助（就像统一后发生的那样）——尤其因为在联邦共和国新成立的州，最近"向上流动的机会被真正摧毁"（a real destruction of chances of ascent），这种害怕有所加剧。[83]

虽然 PEGIDA 很可能首先是发生德国东部或萨克森州的现象，但它也是德国普遍道德风气的表现，这是一种发酵已久的新威权主义倾向。蒂洛·萨拉辛（Thilo Sarrazin）的《德国自取灭亡》（*Deutschland schafft sich ab*，2010 年）和阿基夫·皮林奇吉（Akif Pirinçci）的《德国疯了》（*Deutschland von Sinnen*，2014 年）等书的成功，则清楚地表明了这一点。但令人惊讶的是，这种愤恨能凝聚成一场具有全国影响力的地方社会运动。PEGIDA 的支持者喜欢被视为关心日常事务的普通公民，这并不完全是假的。对许多人来说，社会世界越来越不透明，的确满是恐惧。[84]正如德国政治理论家弗朗兹·诺伊曼（Franz Neumann）在六十年前指出的那样，对自身地位的恐惧会助长负面影响、倒退的历史画面和阴谋论。[85]就这方面而言，PEGIDA 是激进中产阶级的表现——他们害怕向下流动——以及对遵循市场的民主制度的再度反抗。

PEGIDA 在德国西部也有一些先行者。它们首先是各种地方"支持"（pro）运动中的一种（比如"亲北莱茵 – 威斯特法伦"运动），同时也以公民运动的形式出现，但表达的基本上是反穆斯林的负面情绪，且与极端右翼组织有明显重叠的观点。就在第一次 PEGIDA "散步"的几周前，大型极右翼暴徒在"Hogesa"骚乱（是"反赛莱菲主义流氓组织"［Hooligans against Salafists］的缩写）中上街游行。乌克兰危机后爆发的"周一抗议"（Monday protests）也许不是一场狭义的右翼运动，但其中充满了对令人费解、有时甚至反犹太主义的阴谋论的可疑支持者。[86]

PEGIDA 的运作方式与这些团体不同。理论上，它一再与极端右翼立场保持距离。它的诉求强调公民性，据说源自启蒙、民主、自由、自决和法治等价值观。从某种意义上说，PEGIDA 是新政治抗议的一种回归变体。和"占领运动"一样，参与游行的 PEGIDA 支持者批评民主进程、资源分配和社会等级制度 —— 但这次表达这些观点的是右翼的"愤怒公民"。PEGIDA 提出了广泛的批评：政治家、经济领袖和媒体人物都属于所谓"高层人士"（those at the top）。此外，PEGIDA 也是一场认同主义社会运动，关注一个脱了节的世界的文化融合与价值观。但实际上，它所承认的并不在于种族差异，而在于那些已经在德国社会确立了的相对特权。在"占领运动"关注"1% 的人"和"99% 的人"之间的资源冲突时，PEGIDA 关注本地人和外国人之间的相同冲突。

目前尚不清楚实际上谁和 PEGIDA 在一同游行。迄今为止，在德累斯顿进行的社会科学调查遇到了障碍，因为大多数支持者拒绝参与调查。愿意提供信息的参与者都不是年轻人；绝大多数是受教育水平高于平均水平的男性；在社会经济方面，很多人属于（下层）中产阶级。[87]遗憾的是，这些研究没有就他们的经济地位作充分的区分，但从现有资料中可以得知，PEGIDA 吸引了那些感受到社会与文化威胁的中下层阶级：个体经营者、工作在介于稳定和不稳定之间的人以及那些必须日复一日维护自己权益的人。虽然没有调查仔细研究过传统的工人阶级或不稳定无产阶级在多大程度上被 PEGIDA 吸引，但到了 2018 年，答案变得显而易见 —— 就连有组织的工人运动也无法对仇外抗议病毒免疫，甚至在一些工会官员和劳资委员会的队伍中也出现了右翼活动人士。

对于中下层阶级来说，这是一场激烈的社会竞争、一场为富裕生活而奋斗的斗争以及对向上流动和保障的期望的落空 —— 后者导致社会冲突"残酷化"（brutalization），"使过去以道德为导向的、为尊重和承认其规范地位而进行的斗争不复存在"。[88] 对向下流动的恐惧产生了一种非常具体的威权主义。

最重要的威权主义研究仍然是西奥多·阿多诺（Theodor Adorno）所作的研究。[89] 基于有关社会中反犹态度普遍程度的调查，阿多诺和他的同事们试图找出这种人格倾向背后的心理基础。在他们看来，威权人格是让人们变得反民主、充满怨恨以及潜在法西斯主义的关键；威权主义人格的特征是一系列相互关联的症状，这些症状组合成了一种综合征：这些症状包括恪守常规、谄媚与攻击性相结合、追求权力、缺乏同理心、刻板化、愤世嫉俗、对性的过度沉迷，以及投射（projectivity）（可以理解为倾向于相信世界上正在发生危险的事情）。根据威权主义的本质，侵略并非针对统治，而是投射到其他人身上：威权主义人格认为自己的驱动力是不可接受的，并将这些驱动力转移到其他可能因此受到谴责的人身上。例如，对女性权利的轻视成为批评某些教义的基础。[90] 就大多数 PEGIDA 支持者而言，他们坚持着非常传统的性别角色观念 —— 被他们称为"性别二元论"（genderism），并要求停止对这一观念的批评。[91]

无论 PEGIDA 所持的偏见看起来多么不理性，都具有某种"意义"：怨恨和刻板化起到了一种导向作用；早期的惯例（formulae）和阴谋论减少了透明度普遍不足的现象，并给看似混乱的局面带来了秩序。于是，这一"逻辑"将个人对向下流动的担忧转移到了自身以外的群体身上。尤其是在前东德各州，人们经常体会到前文所述的被贬低（sold short）的感觉，这让他们更加痛苦地捍卫自己（想象中的）特权和生活方式。因此，他们自己的墨守成规变成了对所有与他们不同的人的贬低，以及对在处于压力之下的社会体系中被认为没有生产力的"免费搭车者"（free riders）的贬低，这些"免费搭车者"包括：难民、外来移民和穆斯林。

通过对传统观念和价值观赋予不同含义，也可以表达威权主义态度。例如，人们批评民主没有兑现其承诺，但同样的人却准备"用民主换取一个牺牲所有人类尊严和正义要求的制度"。[92] 从这个意义上说，PEGIDA 还将对政党、政治家和宪法机构的不满变成了对这些人和机构的蔑视。PEGIDA 用一种被纳粹广为传播的表达重塑了左翼对主流媒体的批评，称之为"谎言媒体"。威权人士没有批评民主代表一再破坏政治平等的理想，而是倾向于废除民主，并"直接控制那些在他们看来最有权势的人"。[93]

威权主义心态不是凭空产生的。虽然它们是人们社会化及其文化和政治环境的结果，但市场也起了促进作用。工人受困于企业或高压监工下的等级关系；那些不从事经济活动的人则可能通过经济需要或限制的形式体验社会阶层，就像面对一个"匿名的上帝"（anonymous god）。[94] 今天，我们可以说，许多人被迫主观地肯定市场的力量。威权主义最终建立在这样一个事实上：人们几乎愉快地屈服于让他们遭受痛苦的东西。全面的实证研究表明，相当一部分中产阶级已经抛弃了一个"平等主义和再分配性的"（egalitarian and redistributive）社会。[95] 在整个人口中（在中产阶级之间不那么严重，但同样）出现了类似"遵从市场的极端主义"（marketconforming extremism）的现象，这种现象与企业自我优化规范相关联，促使了他者的贬值。[96] 这一极端主义尤其可能出现在那些为自己生活水平担忧的人当中。近年来，明显的右翼极端主义卷土重来，怨恨情绪有所上升。穆斯林、辛提人、罗姆人和寻求庇护者面临着越来越多的偏见。[97] 尽管穆斯林人口中的一些小群体，可能会给欧洲社会带来问题，但伊斯兰恐惧症无疑是从西方所谓文化优越性中产生的种族主义的新母体。其中还包括高度的虚构或对事实上错误的陈述的病态相信：具有代表性的问卷显示，人们估计穆斯林占德国人口的 19%，而实际数字为 6%；在萨克森州，穆斯林只占当地人口的 0.1%，但 PEGIDA 的支持者却担心出现文化入侵。

PEGIDA 本身也许最终会作为一场抗议运动消失。如果没有找到新的刺激措施，威权主义人群也可能会迅速消散。[98] 尽管相较于两万五千多人的最高点，参与 PEGIDA 示威活动的人数有所下降，但每周仍有两千人聚集在一起。然而，威权主义的怨恨不会如此迅速地从社会中消失，难民危机为 PEGIDA 的动员带来了新的成功。德国选择党（AfD）在其创建者贝恩德·路克（Bernd Lucke）被除名后，从一个在新自由主义和民族保守主义之间摇摆不定的政党转变为一个右翼民粹主义政党，并从这一发展中获益匪浅。PEGIDA 和最近的反难民抗议活动已经成为选择党的议会外分支，该党成立于 2013 年初，是一个右翼且日益偏右的政党。这个群集现在已经或多或少地被官方化了：虽然德国选择党在成立的最初几年里一直保持袖手旁观，并阻止党内官员在 PEGIDA 的示威活动中发言，但现在已经正式允许，甚至对这样的发言表示认可。

## 抵抗与公民

"占领运动"所搭建的营地早已被清除，虽然工资低且不稳定，但到目前为止，工作场所的新斗争仍然不成规模。与此同时，未来十年里欧洲（包括德国在内）社会冲突的增加似乎也并非不可能。尽管引入了法定最低工资，实际收入也有小幅增长，但向下流动的动力并未被阻止 —— 它只是停下来喘口气。

在基本的趋势下，西方工业国家成为向下流动、不稳定和两极分化的社会。在过去二十年里，几乎所有经合组织国家的不平等都大幅加剧。[99] 正是因为向上的社会流动依然是核心社会规范，新的冲突正在出现。参加抗议活动的不仅是前景不稳、地位停滞的年轻大学生；技术工人和公共服务从业者也走上街头。年轻人示威抗议没有就业前景，年长的公民则抗议他们社会地位的贬值以及工资或养老金的削减。

在后增长资本主义中，越来越少的人觉得情况在改善；有太多技术娴熟的人竞争一份好的工作。当通往上方的梯子没有了横档，社会再以向上流动为导向则可能引发冲突。[100] 绩效原则也是如此。许多原本确保稳定和合法性的规范，如今发挥着相反的功能：它们不再有助于社会整合，而是成为社会分裂的因素。社会冲突的去制度化和规范性原则的损害赋予了承认和道德问题新的重要性。

不过，这并不一定会导致解放运动。在今天，社会问题以不同的形式出现。向下流动现在意味着人们会失去一些东西，但在 19 世纪，即使是技术工人也很少生活在贫困线之上。当今社会一个可能的冲突根源在于不同工人群体之间的利益冲突。除非工会和劳资委员会设法建立一种团结的反话语，否则派遣工会被视为一种安全缓冲并且遭到贬低。相同身份的群体成员之间产生了一种"排他性团结"（exclusive solidarity）。相反地，派遣工则指控长期工作人员依靠他们的特权。[101] 我已经谈论过中产阶级将自己与社会隔离开来的趋势。中产阶级的成员也对金融市场的持续扩张感兴趣，因为他们自己通过股票和保险获利。[102] 被沃尔夫冈·施特雷克（Wolfgang Streeck）称为"市场人"（market people）的群体并不与"政府人"（state people）严格对立；这两个群体在一些重要的方面有着相同之处。[103]

在许多国家——比如西班牙等陷入危机的国家，也比如法

国和意大利 —— 精英们对《议程 2010》的德国劳动力市场改革进行了讨论，他们认为这一改革是一个积极范例，是摆脱危机的一条出路。然而，把德国的解决方案转用到其他国家将相当于在欧洲范围内"以火攻火"。在向下流动的社会中，会出现一轮新的、更激烈的反抗。

许多迹象表明，在欧洲抗议者中，不稳定不再被视为象征个人失败的个体命运，而是被批判性地解释为一种集体社会体验。不过，我们在这里讨论的（仍然）不是新的阶级运动。[104] 社会阶级通过重复的集体行动产生，受物质利益和道德经济支配。[105] 最近的抗议和罢工也许有潜力成为新的阶级运动，但到目前为止，它们还有很长的路要走。如果说德国有什么新的阶级意识，那就是精英与大多数人之间广泛的差异。

国际抗议和对日益严重的社会不平等的描写（如托马斯·皮凯蒂的畅销书《21 世纪资本论》），都塑造了近几年的公共辩论。因此，无论是在工作中还是在"占领运动"等运动中的新冲突，都应该得到民众的极大支持，因为它们遵循一种根植于"99% 的人"却受到经济政治精英践踏的道德经济：要求社会正义、公民平等、向上流动的机会，以及最重要的，民主。[106]

新的解放社会运动把重新发现民主的实践形式作为其核心。如前所述，当公民抗议往往专注于技术官僚式的问题解决方式，"占领运动"和"愤怒者运动"将公开透明的民主程序置于显著位置。在希腊和（尤其是）西班牙，"广场"成为新的形成大会式民主的场所。这些"不稳定无产阶级抗议"（precariat protests）也是民主抗议；[107] 尽管没有提出社会经济反提案来资助资本主义，这些抗议专注于后民主的基层民主替代方案。不过，对于活动人士来说，抗议形式本身——无等级、无党派、团结一致的讨论——已经构成了一个不同世界的本质，在这个世界中，平等被重新作为一种政治实践形式。[108] "占领运动" 仅仅是始于 "阿拉伯之春" 的全球抗议浪潮的一部分，最终作为一场社会运动消失。但它作为一种政治象征得以存留。当关于不平等的科学讨论继续指向 1% 的人和 99% 的人之间的区别时，伯尼·桑德斯（Bernie Sanders）的总统竞选团队采用了 "占领运动" 的大部分修辞（rhetoric）和框架（framing）。[109]

在新的职场冲突中，创新的民主形式也得到尝试。到目前为止，公众舆论普遍没有注意到，集中决策和成员参与之间的天平已经倾向于后者。在民主参与的范式下，罢工和运动正在对工会内部进行更新。

当今叛乱分子的政治 DNA 存在于他们的社会和政治诉求之中；民主和平等主义关系是推动新的民主社会冲突的主要因素。这场冲突仍然没有目的，没有宏大叙事，到目前为止，只有一个 "反叛民主"（rebel democracy）开始在反抗中形成。[110] 从这个意义上说，没有人仅仅因为属于一个国家而成为公民，而只有通过反抗的主体性实践才成为公民："因此，民主的公民权利是有冲突的，或者并不存在。"[111] 向下流动和倒退现代化将构成今天的民主基础的过去潜伏着的冲突——公民的自由与平等之间的紧张关系——凸显出来[112]。

随着福利国家被破坏，政治公民权也有所削弱。德国社会中由向下流动形成的新冲突是民主和社会的冲突，因为社会权利和民主诉求都受到影响。在当前的后民主群集中，民众被经济约束剥夺了权力，而这一群集正跟以新的阶级结构化为特征的社会冲突 [113] 相结合，形成一个危险的混合物。皮埃尔·霍桑瓦隆（Pierre Rosanvallon）认为这非常令人不安："民主的这种分崩离析是我们这个时代的重要现象，是对我们福祉的不祥威胁。如果这种情况继续下去，民主整体本身最终可能会处于危险之中。" [114]

就目前而言，反抗往往是矛盾的、个人的、情绪化和情感化的。到目前为止，总体上反抗是热烈但短暂的，政治冲突仍然没有确定的路线。抗议活动突然激增，但在短时间内几乎完全绝迹。

成熟左翼政党的代表危机也蕴藏着不应低估的危险。在过去，传统的左派组织和环境传播了以前社会斗争的知识，让新的行动者能够根据历史和政治经验理解具体的政治问题。如今，由左翼势力推动的新社会运动认为这是一个问题，因为已有的解释不再能阐明很多人的日常现实。由于他们不再信任左翼活动人士，抗议者绕过已有的渠道，通过社交网络协调活动——其中组织良好的小型"社群"（communities）确实发挥了作用。 [115]

然而，在某些情况下，新的抗议运动成功采取了体制化的形式。西班牙的"愤怒者运动"和希腊的抗议运动都有着比"占领运动"更广泛的基础，并且直接面临着严厉的紧缩政策，它们现在可能不像几年前那样出现在公众眼前；但它们继续在一些城区和地方民主论坛上抗议对居民的驱逐或试图建设大众基础设施 —— 而这些正是旧的福利国家不再涉及的。西班牙还出现了地方选举联盟，在巴塞罗那和马德里，积极参与反驱逐运动的女性当选为市长。

迄今为止，德国以及整个欧洲的传统左派、社会和民主力量尚未成功控制这种不满情绪，并将其释放的能量用于新的民主开端。只有希腊的激进左翼联盟（Syriza）和西班牙的"我们能"把自己确立为反抗政党。激进左翼联盟甚至辉煌地成功接管了希腊政府，但最终未能成功实施其计划中最重要的部分，并不得不屈从于欧洲机构的要求。在就进一步削减开支进行全民公投后，又举行了新的选举，阿莱克西斯·齐普拉斯（Alexis Tsipras）的政党留在了政府，但几乎没有保持该政党对紧缩政策提出的挑战。2015 年 12 月，也就是成立后不到两年，"我们能"取得了重大的选举胜利，赢得了议会选举中 20.6% 的选票。这没有达到超越西班牙工人社会党（PSOE）成为西班牙第二大政党的目标，但它有效地打破了自佛朗哥独裁统治结束以来存在的两党制。

然而，成功也给"我们能"带来了相当大的问题。这一政党不再是局外人，不再是既有政党新的挑战者。随着这一政党成为国家政治中的关键因素，反建制民粹主义的选票最大化策略达到了极限。结果，"我们能"被迫作出了过去容易避免的艰难战略选择：是否应该坚持自己取得胜利的方案，拒绝与旧制度各方的所有合作？是否应该与左翼结盟，以应对西班牙政治中日益高涨的民族主义力量？让不少支持者感到疏远的核心困境是与 PSOE 合作让保守的人民党（People's Party）下台的问题。最终，在国家层面上，"我们能"抵制了这种诱惑，但在地区选举中却认可和支持 PSOE。这些问题不仅困扰了领导层，造成了一些严重的分歧，而且在基层活动人士及其支持者内部也引发了分歧。最后，加泰罗尼亚的民族独立问题进一步分裂了这一政党，就像西班牙的大多数左翼党派一样。

除了"我们能"和激进左翼联盟，新左翼和传统左翼的行动者仍在实施短期战略，并试图稳定其结构。不过，它们对当下的群集无甚准备，因为它们已经不再向前看。对保守派来说，未来只是他们为了维持现状而实现社会现代化的一个主题。而左派，则总是着眼于未来，曾经从目的论的角度看待社会主义、新耶路撒冷；最近则着眼于"好的"（good）——公共的和民主的——社会。他们对未来寄予厚望，满怀期待。在二战灾难之后，鉴于随时随地可能出现新的紧急状况，左派在战后几年保持了稳定的乐观态度。他们坚信未来会更好，对我们自己和下一代都是如此。现在，这些暂时性的结构被打破了。前景变得黯淡，因为向下流动的社会不提供对更美好未来的乐观展望。政治左派基本上已经放弃了这种希望，而成为保守的"顽固派"（rearguard）。[116] 他们所能看到的唯一进步矛盾地存在于过去；在"过去一切都更好"这句多少有些悲哀的口号中偃旗息鼓。对于未来，他们没有设想一个更美好社会的乌托邦，或者至多只有抽象的乌托邦。相应地，代表危机被左派的想象危机所补充：他们缺少的是看似合理的愿景和具有调动性的乌托邦；[117] 剩下的是对极度静止的当下进行固定危机管理的设想。

　　这些逆向规范的观点既不特别有用，也不特别适用于现实。根本不会回到社会现代性。以前的有些事情可能更好：更高程度的社会保障为过去的工人阶级带来了真正的部分解放。然而，与之相对的是官僚主义、标准化、性别歧视和移民歧视、等级制度和对自主性的限制以及不在乎生态的工业主义，这些不仅是令人不快的附带现象，也是社会结构的组成部分。因此，我们不应该向往回到社会现代性，而应该记住，在倒退现代化中，进步和倒退是如何矛盾地纠缠在一起。阶级、性别和种族相互交织，不能简单归结为单一因素。

　　如今，其他批判性的观察家也给资本主义的未来涂上了阴沉的颜色。有些人甚至认为资本主义正在走向终结，因为它不再能够成功地缓和其矛盾。一方面，它不再能够产生资本积累逻辑和公司盈利所需的增长；另一方面，增长本身导致了生态矛盾的加剧。[118]

　　但是，向下流动的社会产生了一种需要认真对待的政治危险：倒退现代化和后民主政治导致了一股威权主义潮流，摧毁了我们社会的自由主义基础。这种危险是民主反抗邪恶的双胞胎兄弟，由反民主和宗教身份认同的怨恨混合推动。欧洲右翼试图从中获利，破坏自由民主。欧洲社会民主新自由主义转向的一个矛盾结果似乎是，右翼民粹主义政党现在变成了"新工人"（new workers）政党。在某些国家（尤其是中欧和东欧），这些政党自称是新自由资本主义的唯一反对者。[119]尽管更名为国民阵线（Front National）的法国右翼民粹主义政党陷入了严重危机，但玛丽娜·勒庞（Marine Le Pen）成功地将自己定位为法国大选中马克龙自由中间主义的主要挑战者。在德国，德国选择党成了最大的反对党；而在意大利，西尔维奥·贝卢斯科尼（Silvio Berlusconi）的右翼意大利力量党（Forza Italia）、后法西斯主义的北方联盟（Lega Nord），以及民粹主义的五星运动已成为主导政党。更不用说东欧，东欧的右翼政党已经在波兰和匈牙利掌权数年，并开始逐步废除自由民主制度。

无法在此对向下流动社会的替代和解决办法进行讨论；本书只是试图分析德意志联邦共和国当代发展的问题所在。也许它能对阐明现状有所帮助，并推动思考如何在倒退现代化进程之后实现一种团结现代性（solidary modernity）。

# 后　记

## 维持政治稳定的支柱摇摇欲坠

在 2015 年之前，德国一直被视为欧洲乃至世界政治稳定的堡垒，如果所谓难民危机没有突然暴露积累的社会紧张局势，德国很可能会继续如此。在过去几十年间，德国政党制度经历了一场在很大程度上被忽视但意义深远的变革，随着右翼民粹主义以德国选择党的形式进入德国政治舞台，这场变革通过一种自相矛盾的方式使德国符合欧洲常态。该党目前在新当选的联邦议院中排名第三，拥有 13% 的选票；在东部的萨克森州，它现在是最强大的政党。自由民主党（FDP）以 11% 的选票重返议会，而绿党（Greens）和左翼党的选票均低于预期，各占约 9%。而左翼党的情况尤其令人失望，因为该党在上一届议会任期开始时是最大的在野党，但它未能从这一优势地位中获益或对此加以利用。

时任德国总理的安格拉·默克尔 —— 受到全球尊重并经常被国际媒体称为世界上最有权势的女性 —— 遭受了沉重一击。德国基督教民主联盟（CDU）及其巴伐利亚姊妹党基督教社会联盟（CSU）合计下跌近 9 个百分点，获得 33% 的选票，这是自 1949 年以来最差的联邦选举结果。尽管如此，默克尔在选举之夜还是信心十足地说："我不知道我们现在应该做些什么不同的事情。"[1] 而社会民主党则只获得了 20.5% 的选票，这是他们自二战以来获得的最差结果。

默克尔整整六个月未能组建政府。由于没能实现必需的议会多数，她最初与日趋中间派的绿党联合实现德国经济生态现代化的计划已不再可行。新自由主义的自由民主党不愿意接受默克尔温和的中间路线，最终中断漫长而令人沮丧的谈判。这体现了德国民主出现的新的事态发展：政府继续执政，默克尔继续担任代理总理，但没有成立新政府。

在选举六个月后，默克尔才带来一个新的联盟。她绊了一跤，但令她日益增多的敌人不快的是，她没有倒下。新政府仍是以前的政府：基督教民主联盟 / 基督教社会联盟和社会民主党之间的"大联合政府"（grand coalition），尽管这个政府仍然"大的"（grand）只剩下这一名称（两党加起来只有 53% 的选民）。和过去一样，这一联盟如同两个长期厌倦对方、并已提出离婚的伴侣之间的策略婚姻（marriage of convenience）。对新选的担忧促使双方在选举夜适应了这种情况。这尤其标志着社会民主党迈出了重要的一步，因为该党不走运的领导人马丁·舒尔茨（Martin Schulz）宣布社会民主党将加入反对派。他后来安排政党的执行委员就此作出决定，但在媒体的压力下，以及担心如果举行新的选举，很多新当选的议员将失去席位，他很快被迫让步。通过加入大联盟，社会民主党承担了"对国家的政治责任"（political responsibility for the nation）。新出现的政治不稳定绝不会导致政治制度走向无法治理的地步，但它再次表明，两大政治阵营的支柱已被磨损到了两个阵营都不足以领导任一联盟的程度。最终，德国政治制度的危机源于本书分析的社会经济和文化的动荡。然而，它也是政党制度辩证现代化的产物，在这种制度下，中间主义政治最终引发了普遍的两极分化。

## 战后时期的政治制度

与魏玛共和国不同，前西德战后社会的政治竞争从历史上看是以中间主义为导向的。即使在冲突较大的时候，这种本质上旨在达成共识的政治文化也源于这样一个事实，即联邦共和国的奠基者们为战后政治体系配备了许多制衡机制（比如通过联邦制），这造成在大多数政治问题上出现"中间路线"（middle path）的反应。[2]

前西德战后的政党制度被认为特别稳定；对政党的高度认同及其在公民社会中的牢固地位，使新的政党难以立足。[3] 因此，这一政党制度也被证明对颠覆性变革具有相对强的抵抗力，尽管这绝不意味着什么都没有发生。20 世纪 60 年代末和 70 年代初对威权主义的反抗放开了该国的结构性保守主义，社会在社会民主的领导下实现了自由化。尽管如此，俾斯麦模式仍然适用：对激进左翼的镇压（比如通过对左派的职业禁令）是社会自由现代化的代价。资本主义社会的民主是有限度的，但这些限度可以扩大——20 世纪 60 年代末和 70 年代初正是这一进程发生的时期。因此，当时激进左翼关于"形式民主"（formal democracy）的言论最终没能反映现实。这些社会运动无疑对主要政党构成了挑战，但同样也起到了振兴的作用。

在告别革命政治后，20 世纪 80 年代初绿党的成立首次打破了政党制度的稳定，并为其注入了 1968 年的精神。尽管 20 世纪 80 年代有新的左翼阵营成立，但在政党制度的恢复力面前，它们都失败了。而成立较晚的德国右翼民粹主义政党最终不过是晚一点失败。早在 20 世纪 90 年代初，右翼政党如共和党（Die Republikaner）和德国人民联盟（DVU）就已经在州一级取得胜利。只有当中间派政党转向右翼，并同意严格限制庇护权（以及随之而来的移民权），才能"阻止"右翼政党的崛起，从政治竞争中消除这场冲突。[4]

## 主要政党的危机

德国政治制度的危机根本上是主要政党的危机，这些政党在二战后由战前融合大众意识形态的政党组成——奥托·基希海默（Otto Kirchheimer）将这种新型政党命名为"一网打尽的党"（catch-all party）。[5] 对基希海默来说，旧的融合大众意识形态的政党的衰落（这在新的主要政党之前就已经出现），基本上是不可避免的。[6]

社会主义、宗派主义和保守党派都被一点一点地驯化了。利益与理念、意识形态与社会模式的融合被摒弃，取而代之的是去意识形态化的实用主义。从此，社会权力结构甚至对抗的概念被忽视。政党不再代表他们的追随者，不再只代表其成员的利益，而是专注于最大化他们的选举人票。就政府责任、共同利益达成共识成为"一网打尽的党"——基督教民主联盟和社会民主党——的主要关注点。最初在20世纪六七十年代，这对双方都是非常有利的。虽然这些主要政党仍然表现出了显著的意识形态差异，但直到20世纪80年代，它们大体上一直是福利社会国家的政党，并因其对福利体系建设的贡献而受到民众的广泛信任。

1969年，基督教民主联盟、基督教社会联盟和社会民主党共获得了87%的选票。在随后的1972年和1976年的选举中，这一数字上升至90%。

这一时期绝不是没有政治冲突——事实上，冲突的强度有时是巨大的。虽然基督教民主联盟、基督教社会联盟将自己视为关于学生运动和东方集团的保证人，但社会民主党发起了一项被称为"东方政策"（Ostpolitik）的新外交政策，试图缓解与华约国家的紧张关系。1968年的反抗浪潮爆发后，它在20世纪70年代的余温为社会民主党提供了数万名新成员。在20世纪70年代，社会民主党的成员人数超过一百万，而基督教民主联盟、基督教社会联盟则声称拥有近八十万名成员。总体而言，公众对政党政治的参与有所增加，而其他人则积极参与公民倡议，并于20世纪80年代初成立了绿党。

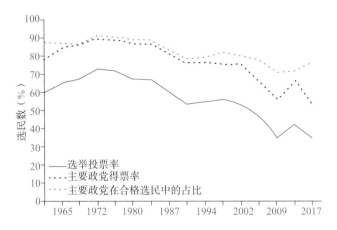

**图 6.0　德国政治体系中主要政党的代表情况**

*数据来源：德国联邦选举办公室（Bundeswahlleiter），经作者计算制图*

　　尽管发生了一些戏剧性的社会冲突，这一时期的特征还是成功将社会大多数群体融合在一起的有争议的民主。以市场经济为导向的"体制政党"（system parties）的政策具有极高的合法性。此外，这些政党之所以能够保持选民的忠诚，正是因为每个阵营在政治秩序方面都表现出了明显的差异。然而，新自由主义的胜利将导致主要政党逻辑的转变。

## 政党制度碎片化之路

　　社会民主党和自由民主党之间的社会自由联盟在 1982 年瓦解 —— 自由民主党更倾向于新自由主义，而拒绝继续支持凯恩斯主义的经济政策。[7]由赫尔穆特·科尔（Helmut Kohl）领导的新的"黑黄"（black-yellow）联盟标志着德国经济政策转向供给侧议题，尽管这一议题的展开相较于撒切尔夫人时代的英国或罗纳德·里根领导下的美国要温和得多。然而，虽然因为20世纪80年代的供给侧经济和国家预算危机，基督教民主联盟开始呼吁削减福利国家，但在野的社会民主党首先重新转向左翼（至少在内部是这样）。该党最终赢得1998年的联邦选举，其相当左翼的纲领呼吁财富再分配。

德国政党制度的方针在2002年的选举中开始崩溃。社会民主党只是通过反对乔治·沃克·布什在伊拉克的战争以及在2002年易北河洪水泛滥期间的立场，才取得了胜利；每种情况都使它能够把自己描绘成一个保护弱势群体的强大政党。德国经济在2003年陷入衰退，失业率上升到10%以上。在商业协会和媒体的鼓励下，通过摆脱相对慷慨的福利国家和社团主义的德国模式（自20世纪60年代以来占主导地位的工会整合模式）来解决失业问题的政治诉求越来越强烈。时任总理格哈德·施罗德决定抓住这个机会，宣布新自由主义休克疗法运动，即《议程2010》（见第四章和第五章）。

《议程2010》最终为社会民主党的阴燃之火注入了更多燃料。巨大的损失将在随后的州选举中接踵而至，而使社会民主党更加紧张——包括成员人数大幅下降，因为相当大一部分过去忠诚的社会民主党人离开该党，组成了另一个选举联盟。在2005年社会民主党为防止左翼政党合并而举行的提前选举中，所谓"劳动和社会公正-选举替代"与以东部为主的民主社会主义党（PDS）结盟，获得了 8.7% 的选票，成为第三大议会团体。社会民主党的分裂使民主社会主义党得以扩大为一个覆盖整个德国的左翼政党，远远超出它以前的势力范围。[8]20 世纪 70 年代的三党制现在变成了五党制，政党格局日益分裂，这使得组建联盟更加困难。社会民主党领导层比以往任何时候都更倾向于中间立场，并且不惜一切代价捍卫《议程 2010》。其选举支持率显著下降，这导致如果没有左翼党，就不可能与绿党结成联盟。同样地，基督教民主党也因为安格拉·默克尔让其走上激进的新自由主义道路而受到了伤害，这一点在不得人心的《议程 2010》中有所体现。这使基督教民主党在 2005 年失去了预期的多数席位，并被迫与社会民主党结成大联合政府。

在这一事件后，默克尔明白新自由主义攻势已经达到了它最初的极限 —— 并作出了一定程度的掉头。幸运的是，自 21 世纪头十年中期以来，德国资本主义有所复苏，整体压力有所缓解。自 2005 年以来 —— 即使是在默克尔与自由民主党联合执政的 2009 年至 2013 年间（大联合政府使自由民主党在 2009 年选举中间接受益）—— 默克尔从未对社会政策进行任何显著的削减。

在与自由民主党的联盟中，默克尔巧妙地阻止了他们推动任何劳工和社会政策的自由化。由于几乎没能通过任何有意义的改革，自由民主党将如自由落体般下跌。在 2013 年的选举中，他们自 1949 年以来首次未能重新进入议会（他们认为这是因为安格拉·默克尔，且有所依据）。在 2013 年重新组建的大联合政府中，默克尔接受了自《议程2010》以来最大的社会政策创新——引入全国性的法定最低工资标准——以及对边缘性社会政策重新实施监管。社会民主党表现得好像它对这项法律负责——严格说来这是正确的，因为基督教民主联盟的经济自由派和雇主协会的部分成员对此持有保留意见，并温和地抵制了这项措施。然而，安格拉·默克尔和她所信任的顾问们早就接受了一种功能性观点，即一个拥有大量低工资产业和薄弱工会的经济体（正如德国现在）需要一个最低工资标准，以防止工作与贫困的关系变得过于密切。国家支付了部分费用，因为仍有一百多万人在有工作的情况下有权获得国家转移支付。不过，社会民主党领导层发出的没完没了的胜利呐喊，是为了掩盖社会民主党为下层阶级设置的政策并不特别真诚。事实上，该党在过去两个立法会任期内也获得了议会多数席位并以此通过了最低工资标准。左翼党曾多次表示愿意帮助通过这项法律，但遭到社会民主党拒绝。社会民主党既不希望与左翼联盟，也不考虑与前领导人奥斯卡·拉方丹结盟（后者已经离开社会民主党，并在离开后对其进行了公开抨击）。德国左翼在战后历史上最大的悲剧之一是无法对社会和议会多数席位加以利用。在1998年（53%）、2002年（51%）和2005年（51%），左翼政党都获得了绝对多数的选票——但他们没能利用这些选票。此后，他们失去了多数优势，因为社会民主党忽视了这一机会，并在如今成为某种程度上的惩罚，这一政党的弱势地位让获得多数席位成为结构上不可能实现的事情。

然而，社会民主党咄咄逼人、经常粗暴的言辞并没有改变这样一个事实，即社会民主党人仍然顽固地坚持着他们所选择的、饱含新自由主义的"市场社会民主"（market social democracy）道路。[9]在2005年施罗德失败后，所有总理候选人都属于这一政党的右翼。长期执政的领导人西格玛·加布里尔和最后一位候选人马丁·舒尔茨也与右翼相一致。

政党制度层面发生了一场双向运动（double movement）：当社会民主党人继续认为自己支持市场社会民主时，基督教民主联盟缓和了他们在经济政策中更为极端的立场，塑造了一种克制的形象，并遵循了社团主义传统。它还开始在社会问题上更为开明：废除强制性征兵制度、放宽家庭政策、促进女性参与劳动力市场、开始逐步淘汰核动力，最近还在全民范围内推行婚姻制度。默克尔已经从一些保守立场中退出。新千年主要政党的逻辑因此获得了新的推力——社会民主党和基督教民主联盟继续趋于一致。随着与组织和生活世界的旧的联结变得越来越少，这一逻辑的推进速度加快了。[10]自20世纪70年代以来，社会民主党和基督教民主联盟都失去了一半以上的成员。传统的工人阶级环境要么已经现代化，不再出于传统而站在社民党一边，要么因为失望而离开。基督教民主联盟则饱受教会危机之苦，此外，小商人和传统的保守派也纷纷转过身去。这是政党政治的一个悖论：社会两极分化越严重，主要政党就越被拉向中间立场，担心对下层阶级问题的更多关注无法带来选票方面的好处。[11]

基希海默五十年前的预言到了21世纪才真正成为现实。直到现在，主要政党才真正是"一网打尽的党"，主要是在放弃过去的追随者和传统价值观后专注于占据中间立场。他们现在的目标仅仅是务实地保有自己的权力。[12] 不仅旧的意识形态差异基本上消失了，还出现了自由市场经济和自由社会政策的共识。在这种共识文化中，政治消失了，因为根本问题或方向已经不再紧要，而只剩下渐进的、微小的阐释问题。然而，这也重新打开了这一制度的侧翼。默克尔的政治风格或许在短期内起到了镇静作用，但随着时间的推移，会被证明具有煽动性。

自由民主党和绿党从这一事态发展中获得了很少的收益，因为他们都代表着（富裕的）中间派政党。[13] 然而，他们仍然是侍从政党——自由主义者往往代表小资产阶级和具有新自由主义倾向的独立商人环境，而绿党则代表受过高等教育的服务阶级的后物质主义环境。左翼党只能暂时填补党内的这一空缺。在前社会民主党主席奥斯卡·拉方丹——德国为数不多的魅力型政治家之一——的领导下，它成功地以核心在野党的身份出现，并成为挑战建制派的唯一严肃力量。但拉方丹在2010年卸任。作为一个不同派别的融合体，这一政党的多样性使它在之后的几年失去了公众眼中的反建制力量的形象。[14] 毕竟，左翼党在东边的部分发挥着地区治理作用，并在联邦一级将自己定位为政府的潜在合作伙伴。

在其反建制阶段，左翼党最初帮助将社会不满情绪转移给了左派。然而，对于那些感到不再被主要政党代表的剩余社会团体，左翼党越来越无法动员他们。海盗党（Pirate Party）的短暂成功证明未表态选民越来越多，这些选民主要试图投票反对建制派政党。虽然左翼党停滞不前，但海盗党人设法进入了几个州议会，并取得了令人印象深刻的成果。[15]但是不久之后就发现，他们无法成为一支可持续的反建制力量，因为他们最感兴趣的似乎是用数字方法取代绿党的参与式民主理念。他们这颗星星几乎刚一开始在政治天空中闪耀，就燃烧殆尽了。

## 德国与国际危机

在近几十年间，德国巩固了它在欧元区本已独特的地位。它在欧洲货币联盟中的强势地位产生了累积的经济回报。德国财政部长沃尔夫冈·朔伊布勒对希腊等国实施的紧缩政策有助于德国资本的扩张（比如将众多希腊机场变卖给一家德国公司），德国国内的紧缩政策则起到了减缓工资增长的作用，从而增强了德国相对于欧洲邻国的竞争力（见第四章）。事实上，德国从南欧的债务危机中获利，同时还利用欧洲央行的低利率来降低自身的再融资成本。不过，德国政府被迫付出了代价：欧洲危机国家的债务在欧洲范围内部分成为普遍现象，这给德国预算带来了更大的风险。这又反过来导致了保守派阵营内部的几场冲突。对于老牌德国马克民族主义（Deutschmark nationalism）的许多代表来说，尽管朔伊布勒将巨大的储蓄目标强加给了受危机影响的国家，对这些国家的"救援"还是构成了太大的风险。这成功地引发了人们对德国金融负债、欧洲央行扩张性货币政策导致国际竞争减弱，以及通过低利率"征收"（expropriation）德国储户的担忧。保守派选民则担心德国的经济和政治主权。德国选择党就是在这样的情况下诞生的 —— 在难民危机发生以前。[16] 始于 2015 年的难民危机只是加速德国选择党转变为右翼民粹主义政党及其随后迅速崛起的一个因素，它在这场危机中借助了德国民众中广泛存在的原有偏见（见第五章）。

难民危机还暴露出德国社会发展的不平衡。德国最初展示了它人道主义的一面，即自下而上支持难民运动的"欢迎文化"（welcoming culture），相当一部分人以某种形式参与其中。相关数据差异很大，但我们可以有把握地估计有数百万人在物质上或道义上为难民提供了帮助。欢迎文化运动代表了广大的群体，但同时也受到阶级结构化的影响。它受到的大部分支持来自受过教育的中产阶级世界主义者，对他们来说，难民不会在劳动力市场上构成竞争威胁，也不会搬入他们的社区。

当然，自发的人道主义运动也是默克尔（她已经学会了将社会大多数作为自己的政策导向）长期没有增加难民接收上限的原因之一。她推测这将造成两败俱伤的局面，并判断相较于因为关闭边境联盟解体而失去的权力，她可以更好地控制和限制右翼的损失。在那之前，她的力量建立在她向中间立场的转变。而这一次，与以往她在众多立场上务实地作出彻底让步不同，她不愿因外部压力放弃自己的立场。如此看来，她也至少在某种程度上对自己行为的人道主义的一面是确信的 —— 但只是在某种程度上。默克尔并不总是被纯粹的人道主义所吸引——毕竟，作为一个大西洋主义者（Atlanticist），和她的财政部部长沃尔夫冈·朔伊布勒一样，她对美国入侵伊拉克持相当开放的态度。此外，她还考虑了其他更为务实的因素：她认为德国是一个领先国家，有义务挽救欧洲共同市场和政治一体化。随着其他欧洲国家（尤其是维谢格拉德集团四国）开始关闭边境，在默克尔重申都柏林规则（Dublin Regulation）并推动与土耳其达成协议关闭欧洲外部边境之前，接收大部分难民的任务落到了德国身上。难民危机发生后，默克尔还进一步限制了德国的庇护权，但按照国际政治标准，这一限制仍然相当温和。

在难民危机发生后，政界和媒体的很大一部分转向了右翼。正如即将被揭示的那样，贯穿传统政治阵营的新冲突正在形成。最初，大多数德国人和默克尔站在同一立场，但她很难保住自己的政党。她得到了政治对手的支持，甚至连左翼党（议会议长萨赫拉·瓦根克内希特除外）都对她坚持抵抗日益增长的公众和党内压力的意愿表示尊敬。与此同时，德国选择党已经开始有效地动员那些不仅拒绝欢迎文化，而且普遍担心德国社会被外来渗透压垮的社会群体。下层中产阶级、底层阶级和城市中心以外的群体尤其愿意接受这样的信息。对于那些过去几年生活在经济和政治紧缩体制下的人来说，难民运动还提出了再分配问题。实际工资停滞不前甚至有所下降，对道路和桥梁的投资率低，公共基础设施（尤其学校和公共游泳池）状况不佳——促使许多人将难民危机（还）视为一场分配冲突。然而，默克尔和政治精英们坚持着"德国人的生活从来没有这么好"的政治话语。

这一冲突状态被德国选择党战略性地加以利用，这一政党越来越多地将反穆斯林情绪融入其话语中，并将自己塑造成代表"普通"（ordinary）选民利益的唯一反建制政党。与政治文化受到1968年反抗长期影响的许多西方民主国家一样，德国右翼民粹主义者的言论围绕价值观可能的崩溃、西方的衰落和中间派的消失展开。德国选择党不仅吸引了基督教民主联盟的民族主义成员，由于默克尔的中间路线，这些成员不再将基督教民主联盟视为自己的政治家园；同时也吸引了更加资产阶级的法西斯主义者，他们将德国选择党视为除了基本没有发挥作用且被公开回避的德国国家民主党（NPD）以外的一个新平台。

随后，左翼党迎来了推行左翼难民政策的挑战，而其部分核心追随者对欢迎文化持相当批判的态度。基本盘选民内部的这些离心力构成了一个重大挑战。

## 放慢速度的魏玛

大联合政府产生了一种矛盾的后果，即会进一步强化其产生的原因——沿着政治制度边缘发展。基希海默曾担心民主会变得乏味和冷漠，并警告说我们"可能会为阶级群众党和宗派政党的结束感到遗憾——即使这是不可避免的"。[17] 如今，这一天也许正在到来。前西德的公共生活中有句老话叫"波恩不是魏玛"（Bonn is not Weimar），这句话在统一后被改为"柏林不是魏玛"。几十年来，德国的政治制度一直走在一条较为温和的道路上，它们的文化由一个不断受到挑战的民主制度所塑造，尽管在这个过程中，像魏玛共和国那样对民主的公开反对并没有发生。[18] 此后，情况发生了变化。现在，德国的政治体制是六党制。选择党进入德国议会标志着德国政党体系出现了新的分裂。自 1933 年以来，法西斯主义者首次获得德国联邦议院的席位，并且公众普遍对议会民主表示愤慨。一种紧张、焦躁的情绪进入了政治领域。

总体而言，德国的两个主要政党（在过去二十年间它们将自己战略性地定位为激进中间派政党）经历着代表危机和对它们的广泛不满。这加剧了制度边缘的政治分化，并最终催生了一个民粹主义群集——最重要的是，这一群集以对议会民主的攻击为生。这是一场悲剧，因为激进中间派的民主主义者最终通过让民主丧失其实质意义并哄骗它达成经济和社会的自由主义共识，从而引发了他们自己的危机。这种后政治共识（post-political consensus）（见第三章）最终产生了右翼民粹主义。

社会民主党加入大联合政府的决定使得选择党如今成为反对老牌政党的主要力量。选择党目前正卷入一场公开的派系斗争，一边是民族保守派，他们有着另类右翼政治风格，但仍属于资产阶级，并希望在某个时间点加入政府；另一边是大体上公开的新法西斯派，近几个月来他们的影响力越来越大。

尽管有民主社会主义党纲，左翼党并不是一个反建制政党，而是继续把自己描绘成一个未来的联盟伙伴。这导致了党内的深刻冲突，其结局在写作本文时仍然不明。尽管如此，当社会各个群体渐渐趋向右派时，左翼党保持了自己的立场。这好过什么也没有，但也没有好多少。

大联合政府的政党继续奉行经济自由主义的中间派政策，尽管他们已经屈服于国内和国际压力，加强了移民政策。此外，他们还考虑深化欧洲的财政经济一体化——这是一个相当新自由主义的计划。[19]

与此同时，这些"一网打尽的党"都在尝试重振旗鼓。往往因为他们试图同时做所有事情，而变得更难被识别为政党组织。一些行动者仍然试图务实地作出回应，而另一些行动者则更普遍地适应了政治观点中出现的右翼民粹主义倾向。在基督教民主联盟，以及尤其在其巴伐利亚姊妹党基督教社会联盟中，一个新的保守派正在形成，他们一起采取了一种民族主义的态度，但这是否会导致真正的复兴仍有待观察。

在社会民主党投票决定留在大联合政府的同一周，乐施会的一项新研究显示最富有的 1% 的人的财富超过全球一半人口总财富。该研究还强调，经济不平等的加剧对应着政治不平等的加剧，[20] 这一点在社会民主党大会有所提及。大会的中心主题是一种激进渐进主义——自视为改良主义的缩小版。社会民主党的社会政策早已不再以民主社会主义为导向；它现在追求社会市场经济——尽管它在口头上努力与新自由主义保持距离，仿佛它没有在过去二十年中执政十六年一样。

如今，社会民主党新的领导层已经承诺在执政中（*in*

*government*）进行自我更新，并让主席和主要候选人马丁·舒尔茨以及外交部部长西格玛·加布里尔政治退休。这一"更新"（renewal）意味着没有一个该党的左翼人士，即没有一个会反对新一轮政府参与的人进入领导层。安德里亚·纳勒斯当选为新主席；在作为劳工部部长的上一任期内，她欣然加入了政府。纳勒斯是一个被归化了的前左翼人士，是新一届党中央领导层中唯一不明确属于右翼的人。新任财政部部长奥拉夫·朔尔茨（他在担任汉堡市长期间作为不开明的法律秩序政客而闻名）成为沃尔夫冈·朔伊布勒当之无愧的接班人。朔尔茨迫不及待地接受了紧缩政策，保留了前任副手的职位，并任命高盛德国公司的负责人为另一位常务副部长。这一更新确实只能被弗洛伊德式地理解：在自寻死路。

因此，尽管在口头上作出了种种努力，但"一网打尽的党"的复兴仍然遥遥无期。二十多年前，保守的德国系统理论家尼克拉斯·卢曼认为，全球化世界的经济破裂将使得有必要成立一个"工业和劳工的政党"（party for industry and labour）。[21] 法国总统埃马纽埃尔·马克龙正是在法国旧政党系统的废墟上成立了这样一个政党；而在德国，大联合政府在本质上也是以这种方式为工业和劳工运行，只是它包含了独立的、违背意愿结合在一起的两个派别。因此，几乎所有德国工会领导人都表示支持组建大联合政府也就不足为奇了。工业和劳工之间的这种共识整合了最重要的机构行动者，但同样也可能加快"一网打尽的党"被削弱的过程（并间接损害工会）。未来他们将会如何还有待观察。

总的来说，很难预估未来几年德国政治的发展。关于德国选择党会否发挥作用以及如何发挥作用，目前还没有一个定论。尽管现在看来可能出乎意料，但团结仍有可能以我们尚未遇到的社会运动的形式卷土重来。眼下，只有一件事是确定的：稳定不会在短期内恢复。

# 注　释

## 引言

1 Wolfgang Streeck, *Borrowed Time*, London: Verso, 2017.

2 关于这点，可参看《法兰克福汇报》（*Frankfurter Allgemeine Zeitung*）中有关充分就业的部分，faz.net/aktuell/wirtschaft/vollbeschaeftigung。

3 C. Wright Mills, *The Sociological Imagination*, Oxford: Oxford University Press, [1959] 2000.

4 Ulrich Beck, *Risk Society: Towards a New Modernity*, London: Sage Publications, 1992. 译者注：《风险社会》（*Risikogesellschaft*）第三章详细阐述了"电梯效应"这一概念，但在马克·里特（Mark Ritter）1992的英译本中省略；因此，本书在必要时引用了德文原版。

5 同上，11。①

6 Anthony Giddens, *The Class Structure of the Advanced Societies*, London: Unwin Hyman, [1973] 1989.

① 此处使用了译林出版社《风险社会》2004年版的翻译。——译注

## 第一章　社会现代性

1 Johannes Berger, 'Modernization Theory and Economic Growth', in Waltraud Schelkle, Wolf-Hagen Krauth, Martin Kohli and Georg Elwert (eds), *Paradigms of Social Change: Modernization, Development, Transformation, Evolution*, New York: St Martin's Press, 2000, pp. 31-48. 着眼于这一时期的官僚组织、工会渗透和标准化，瓦格纳也提到"组织化的现代性"（organized modernity）(Peter Wagner, *A*

*Sociology of Modernity: Liberty and Discipline*, London: Routledge, 1993)。

2 Karl Polanyi, *The Great Transformation: The Political and Economic Origins of Our Time*, Boston: Beacon Press, [1944] 2002, 3.

3 同上，3，39。

4 同上，79。

5 在后文中，我们将看到钟摆如何摆回市场自由主义的方向。

6 Karl Marx, *Capital* Volume One, Harmondsworth: Penguin, [1867] 1973.

7 此处根据英文"commodity"和拉丁文"*commodum*"；也可参看以下文献中的讨论：Claus Offe, *Contradictions of the Welfare State*, London: Hutchinson, 1984; Gøsta Esping-Andersen, *The Three Worlds of Welfare Capitalism*, Cambridge: Polity Press, 1990, Chapter 1; Robert Castel, *From Manual Workers to Wage Laborers: Transformation of the Social Question*, Rutgers: Transaction, 2002; 同上, *L'Insécurité sociale: qu'est-ce qu'être protégé?* Paris: Éditions du Seuil, 2003; 同上, *La montée des incertitudes. Travail, protections, statut de l'individu*, Paris: Éditions du Seuil, 2009; 以及Stephan Lessenich, *Die Neuerfindung des Sozialen. Der Sozialstaat im flexiblen Kapitalismus*, Bielefeld: transcript, 2008。

8 Castel, *From Manual Workers to Wage Laborers*, 247-302.

9 在《福利资本主义的三个世界》（*The Three Worlds of Welfare Capitalism*）一书中，丹麦政治学家考斯塔·艾斯平–安德森（Gøsta Esping-Andersen）对自由主义、保守主义，以及社会民主主义福利国家作了区分。

10 参看Claus Offe and Gero Lenhardt, 'Staatstheorie und Sozialpolitik. Politisch-soziologische Erklärungsansätze für Funktionen und Innovationsprozesse der Sozialpolitik' [1977], in Jens Borchert and Stephan Lessenich (eds), *Strukturprobleme des kapitalistischen Staates*, New York: Campus, 2006, 153-80; 也可参看Jens Borchert and Stephan Lessenich,' "Spätkapitalismus" revisited. Möglichkeiten und Grenzen adaptiver Selbsttransformation der Wohlfahrtsstaatsanalyse', in Anna Geis and David Strecker (eds), *Blockaden staatlicher Politik. Sozialwissenschaftliche Analysen im Anschluss an Claus Offe*, Frankfurt: Campus, 2005, 83-97。

11 Serge Paugam, *Les formes élémentaires de la pauvreté*, Paris: Presses Universitaires

de France, 2005.

12 参看以下文献：Michel Aglietta, *A Theory of Capitalist Regulation*: *The US Experience*, London: Verso, 2001; 同上, *Le capitalisme de demain*, Paris: Fondation Saint Simon, 1998; Robert Boyer, *The Regulation School*: *A Critical Introduction*, New York: Columbia University Press, 1990; Joachim Hirsch and Roland Roth, *Das neue Gesicht des Kapitalismus*, Hamburg: VS, 1986; Werner Abelshauser, *Deutsche Wirtschaftsgeschichte seit* 1945, Munich: C. H. Beck, 2004。

13 Ulrich Mückenberger, 'Die Krise des Normalarbeitsver-hältnisses', *Zeitschrift für Sozialreform* 31(7-8), 1985, 415-34.

14 参看Kommission für Zukunftsfragen Bayern-Sachsen, *Erwerbstätigkeit und Arbeitslosigkeit in Deutschland. Entwicklung, Ursachen, Maßnahmen*, Bonn, 1996, 96。

15 Werner Sengenberger, *Struktur und Funktionsweise von Arbeitsmärkten. Die Bundesrepublik Deutschland im internationalen Vergleich*, Frankfurt: Campus, 1987.

16 参看Nicole Mayer-Ahuja, *Wieder dienen lernen? Vom westdeutschen Normalarbeits-sverhältnis' zu prekärer Beschäftigung seit* 1973, Berlin: Edition Sigma, 2003。

17 关于这些数据，可参看Walter Müller-Jentsch and Peter Ittermann, *Industrielle Beziehungen. Daten, Zeitreihen, Trends* 1950–1999, Frankfurt: Campus, 2000。1970年，90%的非全职工人是女性——这表明对于许多女性来说，兼职工作是一种将自己从家庭主妇角色中解放出来的方式（参见Mayer-Ahuj, *Wieder dienen lernen?*）。

18 不幸的是，几乎没有确切的关于"正常劳动关系"的历史数据。除其他因素外，这是因为直到20世纪80年代中期左右，当正常劳动关系被诊断处于危机时，社会科学家和统计学家才意识到其重要性。

19 T. H. Marshall, *Citizenship and Social Class*, London: Pluto, [1950] 1992.

20 同上，20。在下文中，"公民权"（citizenship rights）和"公民权利"（civil rights）将用作同义词。

21 海因茨·布德（Heinz Bude）非常正确地指出过这一演变过程——正如T. H.

马歇尔从英国历史的角度所分析的——不适用于德国。德国的社会权利部分先于政治权利(参见Bude, *Die ironische Nation*, Hamburg: Hamburger Edition, 1999, 21)。

22 Marshall, *Citizenship and Social Class*, 28.

23 Walther Müller-Jentsch, *Arbeit und Bürgerstatus. Studien zur sozialen und industriellen Demokratie*, Wiesbaden: VS, 2008, 18.

24 Marshall, *Citizenship and Social Class*, 40.

25 集体谈判的立法于1949年通过；与魏玛共和国时期相比，其大大降低了政府影响力。

26 在德国，雇主甚至被强制要求在员工生病期间支付工资，这是工业权利和社会权利关系的一个很好的历史实例。这些强制支付的工资，由德国金属工业工会在1956年到1957年通过战后最长的罢工运动之一赢得。

27 Hermann Kotthoff, *Betriebsräte und Bürgerstatus. Wandel und Kontinuität betrieblicher Mitbestimmung*, Munich: Rainer Hampp, 1994, 179; Colin Crouch, 'The globalized economy: End to the age of industrial citizenship?' in Ton Wilthagen (ed.), *Advanced Theory in Labour Law and Industrial Relations in a Global Context*, Amsterdam: North-Holland, 151-64.

28 达伦多夫称公民权利为"现代世界的钥匙"（the key to the modern world）是没有错的(*The Modern Social Conflict*: *The Politics of Liberty*, New Brunswick, NJ: Transaction Publishers, [1988] 2012, 35)。根据阿克塞尔·霍耐特的说法，成熟的公民身份是"自由的权利"（freedom's right）的先决条件，这是一种社会自由，"保证所有个体都能更有效地行使自由的物质条件"(*Freedom's Right*: *The Social Foundations of Democratic Life*, translated by Joseph Ganahl, Cambridge: Polity Press, 2014, 78)。

29 Castel, *From Manual Workers to Wage Laborers*; 同上, *L'insécurité sociale: qu'est-ce qu'être protégé?*; 同上, *La montée des incertitudes. Travail, protections, statut de l'individu*; Axel Honneth, *Freedom's Right: The Social Foundations of Democratic Life*. 皮埃尔·霍桑瓦隆谈到过"相似个体的社会"（a society of similar individuals）, *The Society of Equals*, Cambridge, MA: Harvard University Press,

2013。

30 Rainer Geißler, *Die Sozialstruktur Deutschlands*, Wiesbaden: VS, 2014, 59ff.

31 Walther Müller-Jentsch and Peter Ittermann, *Industrielle Beziehungen. Daten, Zeitreihen, Trends* 1950–1999, Frankfurt: Campus, 2000.

32 不幸的是，没有20世纪50年代的数据。

33 这一发展在当时的工资冲突中也被认为是完全合理的（参见Schulten 2004, 112ff.）。这些冲突主要关注工资的变化应在多大程度上考虑通货膨胀。

34 关于这点，可参看Josef Mooser, *Arbeiterleben in Deutschland* 1900–1970, Frankfurt: Suhrkamp, 1984; Hans-Ulrich Wehler, *Die neue Umverteilung. Soziale Ungerechtigkeit in Deutschland*, Munich: C. H. Beck, 2008, 153ff; Geißler, *Die Sozialstruktur Deutschlands*, 215ff.; 也可参看Werner Abelshauser, *Deutsche Wirtschaftsgeschichte seit* 1945, Munich: C. H. Beck, 2004, 327ff。

35 Mooser, *Arbeiterleben in Deutschland*, 227. 不过，这并不意味着他们认为自己是中产阶级的一部分，尤其是因为在劳动力内部，其社会状况和生活方式仍然存在很大差异（参看Geißler, *Die Sozialstruktur Deutschlands*, 218ff.; Hans-Ulrich Wehler, *Bundesrepublik und DDR* 1949–1990, Munich: C. H. Beck, 2008, 153ff.）。

36 Geißler, *Die Sozialstruktur Deutschlands*, 72ff.

37 Wehler, *Bundesrepublik und DDR* 1949–1990, 120ff.

38 同上，161。

39 Reinhard Pollack, 'Soziale Mobilität', in Statistisches Bundesamt/Wissenschaftszentrum Berlin für Sozialforschung, *Datenreport 2013. Ein Sozialbericht für die Bundesrepublik Deutschland*, Bonn: Bundeszentrale für politische Bildung, 2013, 189-97. 与此同时，越来越频繁的晋升也不容小觑。留在一个人出生的社会阶层的可能性仍然很高。此外，社会流动也是产业变革的结果；简单的职业不再那么普遍，知识密集型的工作则变得更为常见。这种趋势在事实上（至少是名义上的）加强了向上流动。我将在第四章回到这一点。

40 Pierre Bourdieu, *Distinction: A Social Critique of the Judgement of Taste*, Cambridge, MA: Harvard University Press, [1979] 1996.

41 Geißler, *Die Sozialstruktur Deutschlands*, 313ff.

42 Wehler, *Bundesrepublik und DDR* 1949–1990, 154ff.

43 Ulrich Beck, *Risikogesellschaft*, Frankfurt am Main: Suhrkamp, 1986; 同上, *Risk Society: Towards a New Modernity*, translated by Mark Ritter, London: SAGE, 1992.

44 Beck, *Risikogesellschaft*, 122; 参看Steffen Mau, *Lebenschancen. Wohin driftet die Mittelschicht?* Berlin: Suhrkamp, 2012。

45 Lutz Leisering, 'Sozialstaat und Individualisierung', in Jürgen Fried-richs (ed.), *Die Individualisierungs-These*, Opladen: Leske+Budrich, 1998.

46 Beck, *Risikogesellschaft*, 129, 124.

47 Beck, *Risk Society*, 88.

48 同上, 91。

49 Theodor Geiger, *Die Klassengesellschaft im Schmelztiegel*, Köln: Kiepenheuer, 1949.

50 Helmut Schelsky, *Auf der Suche nach Wirklichkeit: Gesammelte Aufsätze*, Düsseldorf/Köln: Diederichs, 1965.

51 Horst Kern and Michael Schumann, *Industriearbeit und Arbeiterbewusstsein. Eine empirische Untersuchung über den Einfluss der aktuellen technischen Entwicklung auf die industrielle Arbeit und das Arbeiterbewusstsein*, Frankfurt: Suhrkamp, 1985; Claus Offe, *Contradictions of the Welfare State*, London: Hutchinson, 1984.

52 参看Klaus Dörre, *Risikokapitalismus. Zur Kritik von Ulrich Becks 'Weg in eine andere Moderne'*, Marburg: Verlag Arbeiterbewegung und Gesellschaftswissenschaften, 1987; Michael Vester, Peter von Oertzen, Heiko Geiling, Thomas Herman and Dagmar Müller, *Soziale Milieus im gesellschaftlichen Strukturwandel. Zwischen Integration und Ausgrenzung*, Frankfurt: Suhrkamp, 2001。

53 但是，贝克也留了一扇后门："那些在昨天和今天使得阶级个体化的因素，也可能在明天或后天，在其他情况下——比如从彻底加剧的不平等……变成新的、以所达成的个体化为前提的'阶级形成过程'（class formation processes），已经无法再通过传统术语理解。"(Beck, *Risikogesellschaft*, 134)

54 Ralf Dahrendorf, *Class and Class Conflict in Industrial Society*, Stanford: Stanford University Press, 1959; 同上, *The Modern Social Conflict: The Politics of Liberty.*

55 达伦多夫以一个简单问题的形式阐述了他的分析起点，这个问题承认了马克思的发现，即虽然工薪阶层是一个自由的法律主体，但他只拥有自己的劳动力（*Capital* Volume One, 280）："如果一方需要劳动来生存，而另一方可以挑选、雇用和解雇，那么'自由和平等'（free and equal）意味着什么？"(*The Modern Social Conflict*, 36)

56 尤尔根·哈贝马斯也提出了相似的观点。作为"大众民主的政治内容"（political content of mass democracy）（*The Theory of Communicative Reason, Volume Two: Lifeworld and System: A Critique of Functionalist Reason*, translated by Thomas McCarthy, Boston: Beacon Press, 1987, 347），福利国家平息了资本与劳工之间的部分对抗，使市场经济秩序合法化。哈贝马斯说，通过福利国家的方式，社会一体化的力量都被集中在"结构上最可能爆发冲突的地方，以便更有效地使冲突成为潜在性的冲突"（Jürgen Habermas, *Legitimation Crisis*, London: Heinemann, 1976, 37f）。

57 Dahrendorf, *The Modern Social Conflict*, 105-08. 早在1949 年，西奥多·盖格就作过类似的阐述（"阶级对立的制度化"［institutionalization of class opposition］；*Die Klassengesellschaft im Schmelztiegel*, Cologne: Kiepenheuer, 182ff.）。

58 Dahrendorf, *The Modern Social Conflict*, 154. 包括克劳斯·奥菲在内的新马克思主义作家已经与自由派达伦多夫进行过类似的争论。他们从"阶级冲突虽然已经得到部分缓和，但尚未过时"这一假设出发。然而，在一个阶级仍然根深蒂固的社会中，差距趋于扩大（Joachim Bergmann, Gerhardt Brandt, Klaus Körber, Ernst Theodor Mohl and Claus Offe, 'Herrschaft, Klassenverhältnis und Schichtung', in Theodor W. Adorno (ed.), *Spätkapitalismus oder Industriegesellschaft? Verhandlungen des 16. Deutschen Soziologentages vom 8. bis 11. April 1968 in Frankfurt am Main*, Stuttgart: Enke, 1969; Offe, *Strukturprobleme des kapitalistischen Staates*, 1969)。

59 Ralf Dahrendorf, *The Modern Social Conflict*, 46.

60 Dahrendorf, *The Modern Social Conflict*, 108f; Claus Offe, *Strukturprobleme des*

*kapitalistischen Staates*, revised edition, Frankfurt: Campus, 2006.

61 参看以下文献中对此的讨论：Jens Borchert and Stephan Lessenich, 'Lang leben die Strukturprobleme!', introduction to Offe, *Struktur-probleme des kapitalistischen Staates*. revised edition, 11-22, 以及Oliver Nachtwey, 'Legitimationsprobleme im Spätkapitalismus revisited', in Karina Becker, Lars Gertenbach, Henning Laux and Tilmann Reitz (eds), *Grenzverschiebungen des Kapitalismus: Umkämpfte Räume und Orte des Widerstands*, Frankfurt: Campus, 2010, 359-79。

62 参看Offe, *Strukturprobleme des kapitalistischen Staates*, revised edition, Chapter 3; Jürgen Habermas, *Legitimation Crisis*, 50ff。

63 对此，贝克、达伦多夫和批判理论代表的分析大体一致（参看Beck, *Risk Society*; Habermas, *Legitimation Crisis*; Offe, *Strukturprobleme*）。

64 Dahrendorf, *The Modern Social Conflict*, 128.

65 参看同上，104ff。

66 Abelshauser, *Deutsche Wirtschaftsgeschichte seit* 1945, 315ff.

67 Jane Lewis, 'The Decline of the Male Breadwinner Model: Implications for Work and Care', *Social Politics: International Studies in Gender, State and Society* 8(2), 152-69.

68 Beck, *Risikogesellschaft*, 129.

69 Mooser, *Arbeiterleben in Deutschland*, 228.

70 Stephan Lessenich, *Die Neuerfindung des Sozialen. Der Sozialstaat im flexiblen Kapitalismus*, Bielefeld: transcript, 2008, 18.

71 参看Christine Buci-Glucksmann and Göran Therborn, *Der sozialdemokratische Staat. Die 'Keynesianisierung' der Gesellschaft*, Hamburg: VSA, 1982; George Vobruba (ed.), *Der wirtschaftliche Wert der Sozialpolitik*, Berlin: Duncker & Humblot, 1989; 同上, *Politik mit dem Wohlfahrtsstaat*, Frankfurt: Suhrkamp。

# 第二章（几乎）没有增长的资本主义

1 Lawrence Summers, 'Why stagnation might prove to be the new normal', *Financial*

Times, 15 December 2013, Paul R. Krugman, 'Secular stagnation, coalmines, bubbles, and Larry Summers', *New York Times Blog*, 16 November 2013, krugman. blogs. nytimes. com (accessed February 2016). 沃尔夫冈·施特雷克最近也提出了相似观点（见*Buying Time*, translated by Patrick Camiller, London: Verso, 2014）。新马克思主义一方在此之前就已作出这一预测，但通常被主流媒体忽视，具体讨论可参看以下文献：John Bellamy Foster and Fred Magdoff, *The Great Financial Crisis*: *Causes and Consequences*, New York: Monthly Review Press, 2009; Gopal Balakrishnan, 'Speculations on the Stationary State', *New Left Review* II (59), 2009; Karl Beitel, 'The Rate of Profit and the Problem of Stagnant Investment: A Structural Analysis of Barriers to Accumulation and the Spectre of Protracted Crisis', *Historical Materialism* 17(4), 2009, 66-100.

2 关于近几年的危机有一些出色的分析，由于这不是本书主要讨论的，我在此介绍以下参考文献以显示该话题的重要：Elmar Altvater, *Der große Krach—oder die Jahrhundertkrise von Wirtschaft und Finanzen von Politik und Natur*, Münster: Westfälisches Dampfboot, 2010; David McNally, *Global Slump*: *The Economics and Politics of Crisis and Resistance*, Oakland: Spectre, 2011; Klaus Dörre, 'The New Landnahme': Dynamics and Limits of Financial Market Capitalism', in Klaus Dörre, Stephan Lessenich and Hartmut Rosa, *Sociology*, *Capitalism*, *Critique*, London: Verso, 2014; David Harvey, *Seventeen Contradictions and the End of Capitalism*, London: Profile Books, 2014; John Bellamy Foster and Fred Magdoff, *The Great Financial Crisis*, New York: Monthly Review, 2009; Graham Turner, *No Way to Run an Economy*: *Why the System Failed and How to Put It Right*, London: Pluto, 2009。

3 Stephen D. King, *When the Money Runs Out*: *The End of Western Affluence*, New Haven: Yale University Press, 2013.

4 参看Karl Pribram, *A History of Economic Reasoning*, Baltimore: Johns Hopkins University Press, 1983, 509ff。

5 Alvin Hansen, *Full Recovery or Stagnation*? New York: W. W. Norton, 1938; Josef Steindl, *Maturity and Stagnation in American Capitalism*, Oxford: Oxford University Press, 1952; Michal Kalecki, *Theory of Economic Dynamics*, New York: Monthly Review, [1954] 2008.

6 John Maynard Keynes, *General Theory of Employment, Interest and Money*, Cambridge: Cambridge University Press, [1936] 2013, 135. 进路完全不同的学者也发展出了类似理论，除了马克思主义学者如保罗·A. 巴兰（Paul A. Baran）和保罗·M. 斯威齐（Paul M. Sweezy），*Monopoly Capital: An Essay on the American Economic and Social Order*, New York: Monthly Review, [1966] 2009, 也包括持怀疑态度的资本主义崇拜者约瑟夫·熊彼特（Joseph Schumpeter）（*Capitalism, Socialism and Democracy*, London: Routledge, [1942] 2010）。

7 参看Mark Blaug, *Economic Theory in Retrospect*, Cambridge: Cambridge University Press, 1992; Pribram, *History of Economic Reasoning*。

8 马尔萨斯对增长的长期发展抱持悲观态度，而密尔则认为可能出现"静止状态"（stationary state）——一个在当时被使用的概念——并认为这种情况最终会提供机会来思考增长的性质。由此，他预示了对增长的现代性批判（Gareth Dale, 'Critiques of growth in classical political economy: Mill's stationary state and a Marxian response', *New Political Economy* 18(3), 2012）。大卫·李嘉图则预测，随着土地日益稀缺，利润率会下降。马克思后来从劳动价值论的角度对这一话题进行了论述。

9 参看Marx, *Capital* Volume One, Harmondsworth: Penguin, [1867] 1976。

10 与此同时，马克思认识到一系列相互抗衡的力量在起作用，比如剩余价值率的提高、技术的进步以及机器成本的下降，都可能导致利润率上升（参看 Marx *Capital* Volume Three, Harmondsworth: Penguin, [1894] 1981）。

11 参看以下文献，如Michael C. Howard and John E. King, *A History of Marxian Economics*, *Vol.* 1: 1883–1929, Basingstoke: Macmillan, 1989; 同上, *A History of Marxian Economics*, Vol. 2: 1929–1990, Basingstoke: Macmillan, 1992; Michael Heinrich, *Die Wissenschaft vom Wert. Die Marxsche Kritik der politischen Ökonomie zwischen wissenschaftlicher Revolution und klassischer Tradition*, Münster: Westfälisches Dampfboot, 1999。

12 Pribram, *History of Economic Reasoning*; Blaug, *Economic Theory in Retrospect*.

13 实际的经济发展因此导致了新的对马克思危机理论的关注，这种关注甚至来自非马克思主义学者，比如沃尔夫冈·施特雷克(*Buying Time*, 11ff. )和汉斯-维尔纳·辛恩（Hans-Werner Sinn），'300 Milliarden Euro Verluste durch

Niedrigzinsen' (interview), *Frankfurter Allgemeine Zeitung*, 5 December 2014。

14 Tony Judt, *Postwar: A History of Europe Since* 1945, New York: Vintage, 2010.

15 Angus Maddison, *The World Economy: Historical Statistics*, Paris: OECD, 2003.

16 Werner Plumpe, *Wirtschaftskrisen: Geschichte und Gegenwart*, Munich: C. H. Beck, 2010.

17 Robert Brenner, *The Boom and the Bubble: The US in the World Economy*, London: Verso, 2003; 同上, 'The Economics of Global Turbulence', *New Left Review* I (229), 1998。

18 Fritz Scharpf, *Crisis and Choice in European Social Democracy*, Ithaca: Cornell University Press, 1991. 20世纪70年代初期的危机理论家仍然认为凯恩斯主义已经使经济波动成为过去（Claus Offe, *Strukturprobleme des kapitalistischen Staates*, Frankfurt: Campus, [1972] 2006; Jürgen Habermas, *Legitimation Crisis*, Cambridge: Polity Press, [1973] 1988）。

19 Eric Hobsbawm, *Age of Extremes: The Short Twentieth Century*, 1914–1991, London: Abacus, 1995.

20 Streeck, *Buying Time*, 26ff.; 也可参看David Harvey, *A Brief History of Neoliberalism*, New York: Oxford University Press, 2007。

21 Dörre, 'The New *Landnahme*', 37.

22 Streeck, *Buying Time*, 27.

23 Dörre, 'The New *Landnahme*'.

24 Peter Gowan, *The Global Gamble: Washington's Faustian Bid for World Dominance*, London: Verso, 1999.

25 参看David Held, Anthony McGrew, David Goldblatt and Jonathan Perraton, *Global Transformations: Politics, Economics and Culture*, Cambridge: Polity Press, 1999。

26 Foster and Magdoff, *The Great Financial Crisis*, 45. 因此，资本主义的金融化导致了剪息票投资者的回归（Beitel, 'The Rate of Profit'; Costas Lapavitsas, 'Financialised Capitalism: Crisis and Financial Expropriation', *Historical Materialism* 17(2), 2009, 114-48）。然而，考虑到利率持续低迷，对于"小储户"来说，

这种情况几乎不可能存在。

27 Rudolf Hilferding, *Finance Capital: A Study in the Latest Phase of Capitalist Development*, London: Routledge, [1910] 2007.

28 Robert Brenner, *The Economics of Global Turbulence*, London: Verso, 2006.

29 这些实证研究绝大多数研究的是美国的利润率。一方面，因为世界上最大的经济体被视为其他工业国家的典范；另一方面，美国好的数据库对此也有帮助。罗伯特·布伦纳也证明了德国利润率的下降（见*The Boom and the Bubble*）。

30 结果因机器成本是根据历史购买价格还是重置价格计算而有所不同（Deepankar Basu and Ramaa Vasudevan, 'Technology, Distribution and the Rate of Profit in the US Economy: Understanding the Current Crisis', *Cambridge Journal of Economics* 37(1), 2013, 57-89）。这一争议受到长期历史趋势的影响。一些学者预计利润率会长期下降，并视其为2008年经济危机的根本原因（Andrew Kliman, *The Failure of Capitalist Production*, London: Pluto, 2012）。其他学者则判断利润率会趋于稳定，并将经济危机首先归因于新自由主义政策（比如放松管制）（Gerald Duménil and Daniel Lévy, *The Crisis of Neoliberalism*, Cambridge, MA: Harvard University Press, 2011; David Harvey, *The Enigma of Capital—and the Crisis of Capitalism*, Oxford: Oxford University Press, 2010）。但不需要非此即彼，因为从长远来看，他们或多或少都同意：利润率在黄金时代后往往是下降的，即使随后会稳定下来。有所争议的只是下降的程度。

31 参看David Harvey, *The Limits to Capital*, London: Verso, 2006; 同上, *The Enigma of Capital*。

32 Marx, *Capital* Volume One, 742.

33 与新古典主义的假设相反，投资首先取决于预期利润。参看José A. Tapia Granados, 'Does investment call the tune? Empirical evidence and endogenous theories of the business cycle', *Research in Political Economy* 28, 2012, 229-40。参看Harvey, *The Enigma of Capital*; Alex Callinicos, *Bonfire of Illusions*, Cambridge: Polity Press, 2010。

34 在《大失败：资本主义生产大衰退的根本原因》（*The Failure of Capitalist*

*Production*）一书中，经济学家安德鲁·克莱曼（Andrew Kliman）认为，利润率的持续下降仅仅意味着用于投资的资源太少。然而，这种思路采用了一种狭义的生产范式，没有将在金融市场上寻求获利机会的巨额金融财富包括在内。

35 Diagram 2.5; 也见Jan Priewe and Katja Rietzler, *Deutschlands nachlassende Investitionsdynamik* 1991–2010. *Ansatzpunkte für ein neues Wachstumsmodell*, Bonn: Friedrich- Ebert-Stiftung, 2010。

36 参看Martin Höpner, *Wer beherrscht die Unternehmen? Shareholder Value, Managerherrschaft und Mitbestimmung in Deutschland*, Frankfurt: Campus, 2003; Paul Windolf (ed.), *Finanzmarkt-Kapitalismus. Analysen zum Wandel von Produktionsregimen. Sonderheft der Kölner Zeitschrift für Soziologie und Sozialpsychologie* 45, Wiesbaden: VS, 2005。当然，仍然有大量家族企业或者一些企业通过其他方式规避金融市场的逻辑。但近几十年来，机构行动者开始频繁对这些企业行为产生直接或间接的影响。

37 参看Klaus Dörre, 'Krise des Shareholder Value? Kapitalmarktorientierte Steuerung als Wettkampfsystem', in Klaus Kraemer and Sebastian Nessel (eds), *Entfesselte Finanzmärkte. Soziologische Analysen des modernen Kapitalismus*, Bielefeld: transcript, 2012。

38 Karina Becker, *Die Bühne der Bonität. Wie mittelständische Unternehmen auf die neuen Anforderungen des Finanzmarkts reagieren*, Berlin: Edition Sigma, 2009.

39 参看Colin Crouch, *The Knowledge Corrupters*: *Hidden Consequences of the Financial Takeover of Public Life*, Cambridge: Polity Press, 2015; Uwe Vormbusch, *Die Herrschaft der Zahlen*: *Zur Kalkulation des Sozialen in der kapitalistischen Moderne*, Frankfurt: Campus, 2012。

40 奖励管理制度是这一变化的推动力，因为在这一制度下，工资与公司的长期发展无关，而与当前的利润挂钩。

41 Christoph Deutschmann, 'Warum tranken die Pferde nicht', *Frankfurter Allgemeine Zeitung*, 25 September 2013.

42 Tony Norfield, 'Derivatives and capitalist markets: The speculative heart of capital',

*Historical Materialism* 20(1), 2012, 103-32, 124.

43 Beitel, 'The rate of profit'; Foster and Magdoff, *The Great Financial Crisis.*

44 Deutschmann, 'Warum tranken die Pferde nicht?'

45 参看Anselm Doering-Manteuffel and Lutz Raphael, *Nach dem Boom: Perspektiven auf die Zeitgeschichte seit* 1970, Göttingen: Vandenhoeck & Ruprecht, 2012。

46 Erik Brynjolfsson and Andrew McAfee, *The Second Machine Age. Work, Progress, and Prosperity in a Time of Brilliant Technologies*, New York: W. W. Norton & Company, 2014; Jeremy Rifkin, *The Zero Marginal Cost Society*, New York: Palgrave Macmillan, 2015.

47 早在20世纪七八十年代，就有一种观点认为，当时所谓"计算机集成制造"（computer- integrated manufacturing）将很快在很大程度上取代人力。那是四十年前的事了。

48 Robert J. Gordon, 'Is U. S. Economic Growth Over? Faltering Innovation Confronts the Six Headwinds', NBER Working Paper No. 18315, Cambridge, 2012; Ha-Joon Chang, 23 *Things They Don't Tell You About Capitalism*, London: Allen Lane, 2010.

49 Robert Brenner, 'New Boom or New Bubble? The Trajectory of the US Economy', *New Left Review* II (25), 2004, 57-100; Altvater, *Der große Krach.*

50 Colin Crouch, 'What Will Follow the Demise of Privatised Keynesianism?', *Political Quarterly* 80(1), 2009, 302-15.

51 对于消费者来说，廉价信贷是如此容易获得，以至于几乎不需要考虑个人信誉，这最终导致了许多私人家庭的财务被剥夺（Lapavitsas, 'Financialised capitalism'）。

52 即使可能不令女王满意，回答会是这样的：现代经济学首先是关于交换和市场的理论，其中，竞争和均衡的平衡最终会实现一种"生态"（ecodicy）（Joseph Vogl, *Specter of Capital*, Stanford: Stanford University Press, 2014）：尽管会出现危机，甚至经历这些危机，但市场会自我调节，并趋于平衡。鉴于这些不现实的、意识形态的设想，大多数高薪经济学家无法及时认识到危机。

53 Carmen M. Reinhart and Kenneth S. Rogoff, *This Time Is Different: Eight Centuries*

*of Financial Folly*, Princeton: Princeton University Press, 2011; 参看Charles P. Kindleberger, *Manias*, *Panics and Crashes*: *A History of Financial Crises*, Basic Books: New York, 1989; Hyman Minsky, *Can 'It' Happen Again*? *Essays on Instability and Finance*, Armonk: M. E. Sharpe, 1984.

54 John Kenneth Galbraith, *The Great Crash*, London: Penguin, [1954] 2009.

55 参看Peter Gourevitch, *Politics in Hard Times*. *Comparative Responses to International Economic Crises*, Ithaca: Cornell University Press, 1986。

56 参看Altvater, *Der große Krach*。

57 参看Barry Eichengreen and Kevin Hjortshøj O'Rourke, 'A tale of two depressions redux. What do the new data tell us?' 2012, voxeu. org (accessed February 2016)。

58 参看Philip Mirowski, *Never Let a Serious Crisis Go to Waste*: *How Neoliberalism Survived the Financial Meltdown*, London: Verso, 2014。

59 Armin Schäfer and Wolfgang Streeck (eds), *Politics in the Age of Austerity*, Cambridge: Polity Press, 2013.

60 在美国，1929 年的危机导致了罗斯福新政的实行——换言之，导致了社会政策措施的扩展和工会的加强。如今，欧洲似乎与此类政策相去甚远。

61 Mark Blyth, *Austerity*: *The History of a Dangerous Idea*, New York: Oxford University Press, 2015.

62 新古典主义理论甚至认为金融市场在这方面特别有效。

63 Callinicos, *Bonfire of Illusions*.

64 Doering-Manteuffel and Raphael, *Nach dem Boom*.

65 Altvater, *Der große Krach*, 39.

66 Karl-Heinz Paqué, *Vollbeschäftigt. Das neue deutsche Jobwunder*, Munich: Carl Hanser, 2012.

67 工业主义和增长的危机在20世纪70 年代就已经是一个重要主题——调子往往与今天类似（参看Fred Luks, *Die Zukunft des Wachstums*, Marburg: Metropolis, 2001）。

68 Nico Paech, *Befreiung vom Überfluss. Auf dem Weg in die Postwachstumsökonomie*,

Munich: Oekom, 2012. 丹尼斯·梅多斯（Dennis Meadows）等人1973年完成的《增长的极限》（*The Limits to Growth*）是采取这一视角的早期文献。

69 Stephan Voswinkel, *Was wird aus dem 'Fahrstuhleffekt'? Postwachstum und Sozialer Aufstieg*, der DFG-Forscher-gruppe Postwachstumsgesellschaften 08/2013, Friedrich-Schiller- Universität Jena.

① 此处参照了中文马克思主义文库《资本论》（人民出版社1972年版）的翻译。——译注

② 此处使用了译林出版社《神曲》2021年版的翻译。——译注

## 第三章 倒退现代化

1 有很多关于现代性的概念及其年表的解释。参看以下文献：Johannes Berger, 'Modernitätsbegriffe und Modernitätskritik in der Soziologie', *Soziale Welt* 39(2), 1988, 224-35; Klaus von Beyme, *Theorie der Politik im 20. Jahrhundert. Von der Moderne zur Postmoderne*, Frankfurt: Suhrkamp, 1991, Peter Wagner, *A Sociology of Modernity*: *Liberty and Discipline*, London: Routledge, 1993; Uwe Schimank, 'Die Moderne: eine funktional differenzierte kapitalistische Gesellschaft', *Berliner Journal für Soziologie* 19(3), 2009, 327-51。然而，其中许多文献暗含的乐观和进化基调使它们看不见20 世纪的灾难。

2 Jürgen Habermas, *The Philosophical Discourse of Modernity*, Cambridge: Polity, 1990; Johannes Berger, 'Was behauptet die Modernisierungstheorie wirklich—und was wird ihr bloß unterstellt', *Leviathan* 24(1), 1996, 45-62; Thomas Schwinn (ed.), *Die Vielfalt und Einheit der Moderne. Kultur- und strukturvergleichende Analysen*, Wiesbaden: VS, 2006.

3 Seymour Martin Lipset, 'Some social requisites of democracy: Economic development and political legitimacy', *American Political Science Review* 53(1), 1959, 69-105.

4 现代化理论家认为不平等最初在转型社会中出现。但是，如果一个社会进一步现代化和发展，这个过程应该会带来越来越多的平等（参看Simon Kuznets, 'Economic growth and income inequality', *American Economic Review* 45(1), 1955, 1-28; Talcott Parsons, *The System of Modern Societies*, New York: Prentice Hall,

1971; Reinhard Bendix [1969], 'Modernisierung in internationaler Perspektive', in Wolfgang Zapf (ed.), *Theorien des sozialen Wandels*, Cologne: Kiepenheuer & Witsch, 1980）。

5 Stephan Hadril, 'Warum werden die meisten entwickelten Gesellschaften wieder ungleicher?', in Paul Windolf (ed.) *Finanzmarkt-Kapitalismus. Analysen zum Wandel von Produktionsregimen. Sonderheft der Kölner Zeitschrift für Soziologie und Sozialpsychologie* 45, Wiesbaden: VS, 2005.

6 Anselm Doering-Manteuffel and Lutz Raphael, *Nach dem Boom: Perspektiven auf die Zeitgeschichte seit* 1970, Göttingen: Vandenhoeck & Ruprecht, 2012, 85.

7 Jürgen Habermas, *Theory of Communicative Action, Volume Two, Lifeworld and System*: *A Critique of Functionalist Reason*, Boston: Beacon Press, 1987, 332ff.

8 同上，350ff.。与此同时，在左翼知识分子圈子中，对凯恩斯主义的相信只是稍有动摇，还未完全动摇。

9 Ulrich Beck, *Risk Society: Towards a New Modernity*, London: Sage Publications, 1992; 同上, 'The Age of Side-effects: On the Politicization of Modernity', in *The Reinvention of Politics: Rethinking Modernity in the Global Order*, London: Polity Press, 1997. 在贝克的《风险社会》首次出现时，这本书所收获的反应相当复杂，但20世纪80年代几乎没有其他书通过如此恰当的暗示来分析社会变革及其新风险。现在，这本书被视为当时的"重要文本"（key text）（Doering-Manteuffel and Raphael, *Nach dem Boom*, 85ff.）。

10 Beck, 'The Age', 15.

11 在这方面，贝克的分析与齐格蒙·鲍曼的"流动的现代性"(liquid modernity)概念有许多相似之处（*Liquid Modernity*, Cambridge: Polity Press, 2000）。

12 Beck, *Risk Society* and 'The Age'; Ulrich Beck, Wolfgang Bonß and Christoph Lau, 'The Theory of Reflexive Modernization: Problematic, Hypotheses and Research Programme', *Theory, Culture and Society* 20(2), 2003, 1-33.

13 安瑟姆·多林-曼陀菲尔（Anselm Doering-Manteuffel）和卢茨·拉斐尔（Lutz Raphael）最近在他们的著作《繁荣之后》（*Nach dem Boom*）中重新提出了这一划时代的具有突破性的想法。这两位历史学家甚至谈到"革命性的变化"

（change of revolutionary quality），包括工作、生产、生活和政治（*Nach dem Boom*, 12ff.）；参看Robert Castel, *La montée des incertitudes. Travail, protections, statut de l'individu*, Paris: Éditions du Seuil, 2009。法国历史学家皮埃尔·罗桑瓦龙（Pierre Rosanvallon）同样判断出现了"与过去的惊人决裂"，将不断减少不平等现象的"趋势扭转"（pectacular break with the past, reversing the trend）（*The Society of Equals*, 4）。这些主张虽然听上去抓耳且貌似有理，但它们的拥护者往往对不符合其评估的内在矛盾视而不见。

14 在充满生产性矛盾的就业市场中，贝克也思考了这一点。他认为，现代性的现代化不是一个线性过程：一些"反现代化的类型"（types of counter-modernization）（'The Age', 14)是可能出现的，等同于"现代化与反现代化的辩证"（dialectic of modernization and counter- modernization）（34）。

15 关于这点，可参看Theodor Adorno and Max Horkheimer, *Dialectic of Enlightenment*, London: Verso, [1944] 2016。这些学者发现了现代性的一个基本要素："不可抵抗的倒退是不可抵抗的发展的诅咒。"（the curse of irresistible progress is irresistible regression）（28）

16 在一定程度上，倒退现代化遵循了科林·克劳奇为"后民主"描绘的故事。据克劳奇的说法（参看*Post-Democracy*, Cambridge: Polity, 2004, 1ff.），从20世纪初开始，民主经历了一次崛起，在20世纪六七十年代达到顶峰。随后便是走下坡路——尽管是在现代性结构中。衰退发生在现代性之中，不具有恢复前现代的条件。然而，克劳奇忽略了同时还有进一步取得进展的迹象（且目前可能仍然存在），导致一种不断发展的自相矛盾。

17 法兰克福学派最近的批判理论将这一过程称为"当前的规范性悖论"（normative paradoxes of the present）（参看Michael Hartmann and Axel Honneth, 'Paradoxes of Capitalist Modernization: A Research Programme', in Axel Honneth (ed.), *The I in We: Studies in the Theory of Recognition*, translated by Joseph Ganahl, London: Polity, 2012; Alex Honneth and Ferdinand Sutterlüty, 'Normative Paradoxien der Gegenwart—eine Forschungsperspektive', *Westend. Neue Zeitschrift für Sozialforschung* 8(1), 2011, 67-85）。这种进路的巨大优势在于研究资本主义社会的内生转型。它由此规避了结构——对"以各种'晚期资本主义'（late capitalist）社会形态为特征的'自我毁灭式'（self-destructive）经济过

程"的决定性解释（Martin Hartmann and Axel Honneth, 'Paradoxes of Capitalist Modernization', 177）。

18 西格哈德·内克尔（Sighard Neckel）将其描述为"反向运动的齿轮机制，它通过自身向后移动来驱动其目标前进"（'Refeudalisierung—Systematik und Aktualität eines Begriffs der Habermas'schen Gesellschaftsanalyse', *Leviathan* 41(1), 2013, 47）。

19 参看Thomas Meyer, 'Die Agenda 2010 und die soziale Gerechtigkeit', in *Politische Vierteljahresschrift* 45(2), 2004, 181-90。

20 然而，特定群体的社会霸权及其思想依赖于共识与强制的结合（参看Antonio Gramsci, *Prison Notebooks*, New York: Columbia University Press, [1929-35] 2011; Benjamin Opratko, *Hegemonie. Politische Theorie nach Antonio Gramsci*, Münster: Westfälisches Dampfboot, 2012）。

21 Anthony Giddens, *The Constitution of Society*: Outlines of the Theory of Structuration, Cambridge: Polity, 1984, 24.

22 同上，16。

23 1996年，科尔政府试图废除病假工资，却因为工会的抵制而失败（Wolfgang Streeck, 'No Longer the Century of Corporatism. Das Ende des "Bündnisses für Arbeit"', MPIfG Working Paper 03/4, Cologne, 2003）。

24 Adam Przeworski, *Capitalism and Social Democracy*, Cambridge: Cambridge University Press, 1985, 206.

25 David Harvey, *A Brief History of Neoliberalism*, New York: Oxford University Press, 2007.

26 参看Peter Wagner, *Modernity*: Understanding the Present, Cambridge: Polity Press, 2012; Klaus Dörre, 'The New *Landnahme*: Dynamics and Limits of Financial Market Capitalism', in Klaus Dörre, Stephan Lessenich and Hartmut Rosa (eds), *Sociology, Capitalism, Critique*, London: Verso, 2015。

27 Michel Foucault, *The Birth of Biopolitics*: Lectures at the Collège de France, 1978–1979, translated by Graham Burchell, New York: Palgrave Macmillan, 2008.

28 Pierre Dardot and Christian Laval, *The New Way of the World*: On Neoliberal

*Society*, London: Verso, 2013, 263.

29  参看Thomas Lemke, Susanne Krasmann, Ulrich Bröckling, 'Gouvernementalität, Neoliberalismus und Selbsttechnologien. Eine Einleitung', in Ulrich Bröckling et al. (eds), *Gouvernementalität der Gegenwart. Studien zur Ökonomisierung des Sozialen*, Frankfurt am Main: Suhrkamp, 2000, 7-40。

30  参看Dardot and Laval, *The New Way of the World*; Ulrich Bröckling, *The Entrepreneurial Self: Fabricating a New Type of Subject*, translated by Steven Black, London: Sage, 2016。这实际上经常是自相矛盾的，因为对国家的不信任和诉诸"自由"（freedom）往往需要国家运用市场原则，有时则是通过武力。

31  David Harvey, *Seventeen Contradictions and the End of Capitalism*, London: Profile Books, 2015, 141.

32  这些想法也成了社会民主党所采用的政治解释模式的一部分（参看Donald Sassoon, *One Hundred Years of Socialism*, New York: New Press, 1996; Oliver Nachtwey, *Marktsozialdemokratie: Die Transformation von SPD und Labour Party*, Wiesbaden: VS, 2009）。

33  Christoph Deutschmann, *Kapitalistische Dynamik*, Wiesbaden: VS, 2008.

34  美国汽车工人工会最终陷入了很不愉快的境地。由于危机，他们通常接管大公司养老基金。然而，收益往往取决于他们计划投资的公司工资成本的降低。

35  这种艺术批判的一种典型形式来自Herbert Marcuse's *One-Dimensional Man: Studies in the Ideology of Advanced Industrial Society*, London: Routledge, [1967] 2002。

36  参看Luc Boltanski and Eve Chiapello, *The New Spirit of Capitalism*, London: Verso, 2005。

37  参看Thomas Schmid, 'Nichtsnutz und Robot: Über einige Schwierigkeiten, die Verstaatlichung des Sozialen rückgängig zu mache', *Freibeuter* 11/1, 1982。发表这一左翼自由主义观点的作者后来成为《世界报》的主编。

38  Boltanski and Chiapello, *The New Spirit of Capitalism*. 然而，他们的观点被夸大了，而且受到了阻碍。例如，他们认为工会从来不是艺术批判的承担者，而忽略了工会和工业社会学对泰勒制（Taylorism）的批判（参看Sarah Nies and Dieter Sauer, 'Arbeit—mehr als Beschäftigung? Zur arbeitssoziologischen Kapitalismuskritik', in Klaus Dörre et al. (eds), *Arbeitssoziologie und Kapitalismustheorie*, Frankfurt and New York: Campus, 2012, 34-62）。

39 Ulrich Brinkmann, *Die unsichtbare Faust des Marktes. Betriebliche Kontrolle und Koordination im Finanzmarktkapitalismus*, Berlin: Edition Sigma, 2011.

40 参看Nestor D'Alessio and Anne Hacket, 'Flexibilität und Kapitalmarkt. Neue Formen der Arbeitsorganisation und Unternehmenskontrolle', in Forschungsverbund Sozioökonomische Berichterstattung (ed.), *Berichterstattung zur sozioökonomischen Berichterstattung in Deutschland. Teilhabe im Umbruch. Zweiter Bericht*, Wiesbaden: VS, 2012; Klaus Dörre, 'Krise des Shareholder Value? Kapitalmarktorientierte Steuerung als Wettkampfsystem', in Klaus Kraemer and Sebastian Nessel (eds), *Entfesselte Finanzmärkte. Soziologische Analysen des modernen Kapitalismus*, Bielefeld: transcript 2012。

41 Alain Touraine, *Post-Industrial Society*, London: Wildwood House, 1974; Daniel Bell, *The Coming of Post-Industrial Society*, New York: Basic Books, 1976.

42 参看Arlie Russell Hochschild, *The Managed Heart: Commercialization of Human Feeling*, Berkeley, CA: University of California Press, [1983] 2012。

43 服务业内与顾客的横向关系恶化，同时公司内纵向权力关系也在恶化。此外，公司中扁平的、所谓平等主义和不分等级的结构，导致权力冲突被视为人员之间的冲突（参看Friederike Bahl and Philipp Staab, 'Das Dienstleistungsproletariat. Theorie auf kaltem Entzug', *Mittelweg 36* 19(6), 2010, 90ff.）。

44 G. Günter Voß and Hans J. Pongratz, 'Der Arbeitskraftunternehmer. Eine neue Grundform der "Ware Arbeitskraft"?', *Kölner Zeitschrift für Soziologie und Sozialpsychologie* 50(1), 1998; 参看Manfred Moldaschl and Dieter Sauer, 'Internalisierung des Marktes—Zur neuen Dialektik von Kooperation und Herrschaft', in Heiner Minssen (ed.), *Begrenzte Entgrenzungen. Wandlungen von Organisation und Arbeit*, Berlin: Edition Sigma, 2000。工作的主体化延伸到何种程度也是不明确的。工作组织的真正变化在文献中经常被夸大，实际上非自治的工作流程仍然牢固（参看Christoph Deutschmann, *Postindustrielle Industriesoziologie.*

*Theoretische Grundlagen, Arbeitsverhältnisse und soziale Identitäten*, Weinheim: Juventa, 2002; Manfred Moldaschl, 'Organisierung und Organisation von Arbeit', in Fritz Böhle, G. Günther Voß and Günther Wachtler (eds), *Handbuch Arbeitssoziologie*, Wiesbaden: VS, 2010）。

45 卡尔·波兰尼（*The Great Transformation*: *The Political and Economic Origin of Our Time*, Boston: Beacon Press, [1944] 2002）用"撒旦的磨坊"一词来指代第一次市场创造的大浪潮，它侵蚀了社会建制和社会嵌入，最终导致了19世纪的自由市场资本主义。

46 Martin Höpner, Alexander Petring, Daniel Seikel and Benjamin Werner, 'Liberalisierungspolitik. Eine Bestandsaufnahme des Rückbaus wirtschafts- und sozialpolitischer Interventionen in entwickelten Industrieländern', *Kölner Zeitschrift für Soziologie und Sozialpsychologie* 63(1), 2011. 在这篇文章中，"放松管制"仅仅指监管密度的降低。

47 在其中一些国家，国家干预甚至更为全面（参看Andrew Shonfield, *Modern Capitalism*, Oxford: Oxford University Press, 1965）。

48 至少理论上应该如此。实际上，长期以来，公共部门在公民和消费者眼中并不那么民主——例如，因为太多的职位，特别是管理级别的职位，不是根据技能和绩效来填补的，而是按党派。

49 参看Wolfgang Streeck, *Re-Forming Capitalism*: *Institutional Change in the German Political Economy*, Oxford: Oxford University Press, 2009, 71。

50 参看Thorsten Brandt and Thorsten Schulten, 'Liberalisierung und Privatisierung öffentlicher Dienstleistungen', *WSI-Mitteilungen* 61(10), 2008, 570-76。有关德国铁路和卫生部门的案例研究，分别参看Tim Engartner, *Die Privatisierung der Deutschen Bahn*, Wiesbaden: VS, 2008, 以及Nils Böhlke, Thomas Gerlinger, Kai Mosebach, Rolf Schmucker and Thorsten Schulten (eds), *Privatisierung von Krankenhäusern. Erfahrungen und Perspektiven aus Sicht der Beschäftigten*, Hamburg: VSA, 2009。

51 Colin Crouch, *Post-Democracy*, 16ff.; 参看Rosanvallon, *The Society of Equals*。

52 参看Oliver Nachtwey, 'Legitimationsprobleme im Spätkapitalismus revisited',

in Karina Becker, Lars Gertenbach, Henning Laux and Tilmann Reitz (eds), *Grenzverschiebungen des Kapitalismus*, Frankfurt: Campus, 2010。

53 Claus Offe, *Strukturprobleme des kapitalistischen Staates. Veränderte Neuauflage des Buches von* 1972 (eds Jens Borchert and Stephan Lessenich), Frankfurt: Campus, 2006.

54 参看Otto Kirchheimer, 'The Transformation of the Western Party Systems', in Joseph LaPalombara and Myron Wiener (eds), *Political Parties and Political Development*, Princeton, NJ: Princeton University Press, 1966, 177-200。

55 Jürgen Habermas, *Legitimation Crisis*, Cambridge: Polity Press, 1980, 36.

56 Peter Mair, 'Ruling the Void? The Hollowing of Western Democracy', *New Left Review* II (42), 2006, 25-51.

57 Stephan Lessenich and Frank Nullmeier, 'Einleitung: Deutschland zwischen Einheit und Spaltung', in Stephan Lessenich and Frank Nullmeier (eds), *Deutschland. Eine gespaltene Gesellschaft*, Frankfurt: Campus, 2006, 24.

58 Jacques Rancière, *Disagreement: Politics and Philosophy*, Minneapolis, MN: University of Minnesota Press, 2004, 102.

59 Chantal Mouffe, *On the Political*, London: Routledge, 2005.

60 参看Danny Michelsen and Franz Walter, *Unpolitische Demokratie: Zur Krise der Repräsentation*, Berlin: Suhrkamp, 2013; Ingolfur Blühdorn, *Simulative Demokratie: Neue Politik nach der postdemokratischen Wende*, Berlin: Suhrkamp, 2013。

61 参看John Keane, *The Life and Death of Democracy*, London: Pocket Books, 2009; Paul Nolte, *Was ist Demokratie? Geschichte und Gegenwart*, Munich: C. H. Beck, 2012。

62 Armin Schäfer and Harald Schoen, 'Mehr Demokratie, aber nur für wenige? Der Zielkonflikt zwischen mehr Beteiligung und politischer Gleichheit', *Leviathan* 41(1), 2013, 94-120; Armin Schäfer, 'Liberalization, Inequality and Democracy's Discontent', in Armin Schäfer and Wolfgang Streeck (eds), *Politics in the Age of Austerity*, Cambridge: Polity Press, 2013.

63 参看Dirk Jörke, 'Re-Demokratisierung der Postdemokratie durch alternative Beteiligungsverfahren?' *Politische Vierteljahresschrift* 54, 2013, 485-505。

64 Crouch, *Post-Democracy*, 52.

65 同上，53。以克劳奇的国际视角来看，这个判断当然是合理的。但战后前西德的情况也可以说是类似的。

66 经典著作：Anthony Downs, *An Economic Theory of Democracy*, New York: Harper & Row, 1957; 参看Manfred G. Schmidt, *Demokratietheorien*, Opladen: UTB, 2000。

67 参看Gottfried Eisermann, *Vilfredo Pareto. Ein Klassiker der Soziologie*, Tübingen: Mohr Siebeck, 1987。

68 Gøsta Esping-Andersen, 'Die drei Welten des Wohlfahrtskapitalismus', in Stephan Lessenich and Ilona Ostner (eds), *Welten des Wohlfahrtskapitalismus: Des Sozialstaat in vergleichender Perspektive*, Frankfurt: Campus 1998.

69 Adam K. Webb, 'The Calm before the Storm? Revolutionary Pressures and Global Governance', *International Political Science Review* 27(1), 2006, 73-92.

70 参看Jens Alber, 'Germany', in Peter Flora (ed.), *Growth to Limits. The Western European Welfare States since World War II*, New York: Walter de Gruyter, 1986; Paul Pierson, *Dismantling the Welfare State? Reagan, Thatcher, and the Politics of Retrenchment*, Cambridge: Cambridge University Press, 1994; Streeck, *Buying Time*。

71 参看Stephan Lessenich, *Die Neuerfindung des Sozialen. Der Sozialstaat im flexiblen Kapitalismus*, Bielefeld: transcript, 2008; Robert Castel, *La montée des incertitudes. Travail, protections, statut de l'individu*, Paris: Éditions du Seuil, 2009。

72 Stephan Lessenich, *Dynamischer Immobilismus. Kontinuität und Wandel im deutschen Sozialmodell*, Frankfurt: Campus, 2003.

73 Timo Fleckenstein, 'The Politics of Labour Market Reforms and Social Citizenship in Germany', *West European Politics* 35(4), 2012, 847-68.

74 Elmar Rieger, 'Die sozialpolitische Gegenreformation. Eine kritische Analyse der Wirtschafts- und Sozialpolitik seit 1998', *Aus Politik und Zeitgeschichte* 52(46-47),

2002, 3-12.

75 Rüdiger Soldt, 'Hartz Ⅳ—Die größte Kürzung von Sozialleistungen seit 1949', *Frankfurter Allgemeine Zeitung*, 30 June 2004.

76 Irene Dingeldey, 'Wohlfahrtsstaatlicher Wandel zwischen "Arbeitszwang" und "Befähigung"', *Berliner Journal für Soziologie* 17(2), 2007, 189-209; Stephan Lessenich, *Die Neuerfindung des Sozialen. Der Sozialstaat im flexiblen Kapitalismus*, Bielefeld: transcript, 2008.

77 参看Wolfgang Ludwig-Mayerhofer, Olaf Behrend and Ariadne Sondermann, 'Disziplinieren und Motivieren. Zur Praxis der neuen Arbeitsmarktpolitik', in Adalbert Evers and Rolf G. Heinze (eds), *Sozialpolitik. Ökonomisierung und Entgrenzung*, Wiesbaden: VS Verlag für Sozialwissenschaften, 2008。

78 Frank Nullmeier, 'Vermarktlichung des Sozialstaats', *WSI-Mitteilungen* 57(9), 2004, 495-500.

79 参看Berthold Vogel, *Die Staatsbedürftigkeit der Gesellschaft*, Hamburg: Hamburger Edition, 2007。

80 Castel, *La montée des incertitudes*, 30ff.

81 参看Stefan Lessenich, 'Der Arme in der Aktivgesellschaft. Zum sozialen Sinn des "Förderns und Forderns"', *WSI-Mitteilungen* 56(4), 2003, 214-19; 同上, 'Soziale Subjektivität. Die neue Regierung der Gesellschaft', *Mittelweg* 36 12(4), 2003, 84-93; Aldo Legnaro, 'Moderne Dienstleistungen am Arbeitsmarkt—Zur politischen Ratio der Hartz-Gesetze', *Leviathan* 34(4), 2006, 514-32。

82 Castel, *La montée des incertitudes*, 45.

83 参看Alex Callinicos, *Bonfire of Illusions*, Cambridge: Polity Press, 2010, 58ff。然而，这种关于总体福利的说法掩盖了一些明确的利益关系——试图为自己提供道德合法性并产生惩戒效果（参看Claus Offe, 'Wessen Wohl ist das Gemeinwohl?', in Herfried Münkler and Karsten Fischer (eds), *Gemeinwohl und Gemeinsinn. Rhetoriken und Perspektiven sozial-moralischer Orientierung*, Berlin: Akademie Verlag, 2002）。

84 Kevin Doogan, *New Capitalism? The Transformation of Work*, Cambridge: Polity

Press, 2009.

85 Klaus Dörre and Ulrich Brinkmann, 'Finanzmarktkapitalismus. Triebkraft eines flexiblen Produktionsmodells?' in Paul Windolf (ed.), *Finanzmarkt-Kapitalismus. Analysen zum Wandel von Produktionsregimen. Sonderheft der Kölner Zeitschrift für Soziologie und Sozialpsychologie* 45, Opladen: VS, 2005.

86 参看Michael J. Piore and Charles F. Sabel, *The Second Industrial Divide: Prospects for Prosperity*, New York: Basic Books, 1984; Richard Sennett, *The Culture of the New Capitalism*, New Haven: Yale University Press, 2007。

87 Thomas Haipeter, 'Sozialpartnerschaft in und nach der Krise: Entwicklungen und Perspektiven', *Industrielle Beziehungen* 19(4), 387-411.

88 参看Hajo Holst, Oliver Nachtwey and Klaus Dörre, *Funktionswandel und Leiharbeit. Neue Nutzungsstrategien und ihre arbeits- und mitbestimmungspolitischen Folgen*, Arbeitsheft der Otto- Brenner-Stiftung 61, Frankfurt, 2009, p. 57。

89 参看Jean-Pierre Durand, *The Invisible Chain. Constraints and Opportunities in the New World of Employment*, London: Macmillan, 2007; Ulrich Brinkmann, *Die unsichtbare Faust des Marktes. Betriebliche Kontrolle und Koordination im Finanzmarktkapitalismus*, Berlin: Edition Sigma, 2011; Manuel Castells, *The Rise of the Network Society*, Wiley-Blackwell, 2009。

90 然而，在那之后，其中一些自由化措施已经被废除，比如恢复对"同时性"（synchronization）的禁令。

91 Ulrich Brinkmann and Oliver Nachtwey, 'Prekäre Demokratie? Zu den Auswirkungen atypischer Beschäftigung auf die betriebliche Mitbestimmung', *Industrielle Beziehungen* 21(1), 2014, 78-98; 同上, 'Postdemokratie, Mitbestimmung und industrielle Bürgerrechte', *Politische Vierteljahresschrift* 54(3), 2013, 506-33。

92 Ulrich Brinkmann and Oliver Nachtwey, 'Postdemokratie, Mitbestimmung und industrielle Bürgerrechte'.

93 Hajo Holst, 'Von der Branche zum Markt. Zur Regulierung überbetrieblicher Arbeitsbeziehungen nach dem organisierten Kapitalismus', *Berliner Journal für Soziologie* 21(3), 2011, 383-405.

94  Streeck, *Re-Forming Capitalism.*

95  Peter Ellguth and Susanne Kohaut, 'Tarifbindung und betriebliche Interessenver-tretung: Aktuelle Ergebnisse aus dem IAB-Betriebspanel 2014', *WSI-Mitteilungen* 68(4), 2015, 290-97.

96  参看Brinkmann and Nachtwey, 'Postdemokratie', 523ff。

97  此处描述的发展发生在2010年到2013 年期间。

98  高比例的派遣和分包员工也对工作委员会产生了影响，比所有现场工人都由公司自身雇用对工作委员会的影响要小。

99  参看Brinkmann and Nachtwey, 'Prekäre Demokratie?', 91ff。

100  Christoph Ruhkamp, 'Auslaufmodell Festanstellung?', *Frankfurter Allgemeine Zeitung*, 20 September 2014.

101  在德国，工人和白领员工之间的最后差别（比如工资等级和养老金），在世纪之交后不久被废除。

102  与此同时，许多传统的阶级立场和行为模式以现代化的形式继续存在，比如政治偏好以及社会关系（Michael Vester, Peter von Oertzen, Heiko Geiling, Thomas Herman and Dagmar Müller, *Soziale Milieus im gesellschaftlichen Strukturwandel. Zwischen Integration und Ausgrenzung*, Frankfurt: Suhrkamp, 2001）。

103  Castel, *La montée des incertitudes*, 26; 也可参看Sennett, *The Culture of the New Capitalism*。

104  Norbert Elias, *The Society of Individuals*, New York: Continuum, 2001.

105  此处受到批判的许多发展在与本书所预测一致的社会环境中也可以看到：Holm Friebe and Sascha Lobo, *Wir nennen es Arbeit*: *Die digitale Bohème oder Intelligentes Leben jenseits der Festanstellung*, Munich: Heyne, 2006。

106  Castel, *La montée des incertitudes*, 27

107  Beck, *Risikogesellschaft*, 144.

108  Ralf Dahrendorf, *The Global Class and the New Inequality*, Jerusalem: Israel Academy of Sciences and Humanities, 2000, 11; 参看Herfried Münkler, *Mitte und*

*Maß. Der Kampf um die richtige Ordnung*, Reinbek bei Hamburg: Rowohlt, 2010, 70ff。

109 Axel Honneth, 'Organized Self-Realization. Some Paradoxes of Individualization', in *European Journal of Social Theory* 7(4), 2004, 463-78, 474.

110 在这一节中，我只对有关正义的讨论部分进行探讨，比如它对向上和向下流动问题的影响。就对于正义的重要讨论，参看Callinicos, *Bonfire of Illusions*; Angelika Krebs (ed.), *Gleichheit oder Gerechtigkeit*, Frankfurt: Suhrkamp, 2000; David Miller, *Social Justice*, Oxford: Clarendon, 1976。

111 François Dubet, 'Die Grenzen der Chancengleichheit', *Nueva Sociedad* special issue, 2012, 165f.

112 同上，165。

113 关于德国社会民主党纲领和政策中对机会平等的讨论，参看Oliver Nachtwey, *Marktsozialdemokratie. Die Transformation von SPD und Labour Party*, Wiesbaden: VS, 2009。

114 参看Nancy Fraser and Axel Honneth, *Redistribution or Recognition? A Political-Philosophical Exchange*, London: Verso, 2003。

115 参看Frank Nullmeier, 'Eigenverantwortung, Gerechtigkeit und Solidarität—Konkurrierende Prinzipien der Konstruktion moderner Wohlfahrtsstaaten?' *WSI-Mitteilungen* 59(4), 2006, 175-80。

116 Pierre Bourdieu, *Distinction: A Social Critique of the Judgement of Taste*, Cambridge, MA: Harvard University Press, [1979] 1996.

117 Michael Hartmann, *Der Mythos von den Leistungseliten*, Frankfurt: Campus, 2002.

118 拉尔夫·达伦多夫早期将精英政治视为一种"全球阶级意识"（global class consciousness），主要对社会不平等的再生产起到了助推作用：'The Global Class and the New Inequality', *Lectures in Memory of Justice Lewis D. Brandeis*, Academy of Sciences and Humanities, Jerusalem, 12 March 1999。

119 Sighard Neckel, *Flucht nach vorn. Die Erfolgskultur der Marktgesellschaft*, Frankfurt: Campus, 2008; Sighard Neckel and Kai Dröge, 'Die Verdienste und ihr Preis. Leistung in der Marktgesellschaft', in Honneth (ed.), *Befreiung aus der*

*Mündigkeit.*

120 Sennett, *Culture of the New Capitalism*, 2.

121 参看Wagner, *A Sociology of Modernity*。

122 这也是体现不均衡的一个方面。在社会底层群体中，这些维度相互交叉并加强：贫困的外来移民大都是穆斯林，他们受到越来越多的歧视；而来自国外的高技能IT专家则可以期待高度平等和融合。

123 参看Jörn Lamla, *Verbraucherdemokratie. Politische Soziologie der Konsumgesellschaft*, Berlin: Suhrkamp, 2013; Pierre Dardot and Christian Laval, *The New Way of the World: On Neoliberal Society*, London: Verso, 2013。

124 当社会公民权建立在国家政府的基础上时，市场公民权已通过欧盟确立为受到法律保障的规范（参看Christian Joppke, 'Transformation of Citizenship: Status, Rights, Identity', *Citizenship Studies* 11(1), 2007, 37-48; Michael Faist, 'The Transnational Social Question: Social Rights and Citizenship in a Global Context', *International Sociology* 24(1), 2009, 7-35）。

125 参看Hartmut Rosa, 'Capitalism as a Spiral of Dynamisation: Sociology as Social Critique', in Dörre, Lessenich and Rosa, *Sociology, Capitalism, Critique*; Rosanvallon, *Society of Equals*。

126 同上，12ff。个体不被认为是一模一样的，而只是相似的，因此可以享有不同水平的收入。

127 Neckel, '"Refeudalisierung"'.

128 Rosanvallon, *Society of Equals*, 279.

① 此处使用中国人民大学出版社《社会的构成》2012年版的翻译。——译注

② 此处使用deutschland.de网站的翻译：https://www.deutschland.de/zh-hans/topic/zhengzhi/deguoyuouzhou/willy-brandtweilibolantedanchen100zhounian。——译注

# 第四章 向下流动

1 Hannah Arendt, *The Human Condition*, Chicago: University of Chicago Press, [1958]

2 André Gorz, *Farewell to the Working Class*, London: Pluto, 1987; Ralf Dahrendorf, *Die Chancen der Krise. Über die Zukunft des Liberalismus*, Stuttgart: DVA, 1987. 在 20世纪90年代，这一论点被杰里米·里夫金（Jeremy Rifkin）再次提起，*The Zero Marginal Cost Society*, New York: Palgrave Macmillan, 2015。

3 Claus Offe and Karl Hinrichs, 'Sozialökonomie des Arbeitsmarktes. Primäres und sekundäres Machtgefälle', in Offe and Hinrichs (eds), 'Arbeitsgesellschaft'. *Strukturprobleme und Zukunftsperspektiven*, Frankfurt: Campus, 1984, 64.

4 最重要的原因是更多的女性和老年人进入劳动力市场（参看Frank Schüller and Christian Wingerter, 'Arbeitsmarkt und Verdienste', Statistisches Bundesamt/Wissenschaftszentrum Berlin für Sozialforschung (ed.), *Datenreport 2013. Ein Sozialbericht für die Bundesrepublik Deutschland*, Bonn: Bundeszentrale für politische Bildung, 2013, 117）。

5 如果只考虑15 至65 岁的人，2012 年的比例为77%（十年前为73%）。

6 参看Statistisches Bundesamt, 'Arbeitsmarkt. Bevölkerung und Erwerbstätigkeit', 2014, www.destatis.de (accessed February 2016); Schüller and Wingerter, 'Arbeitsmarkt und Verdienste'。

7 Statistisches Bundesamt, '44,2 Millionen Erwerbstätige im Januar 2018', press release, 28 February 2018, destatis.de (accessed May 2018). 金融和经济危机造成了战后德国历史上最严重的衰退之一。危机爆发之后，失业率并没有飙升，反而保持了相当稳定的水平。很快，有了"德国就业奇迹"的说法（Paul Krugman, *Return of Depression Economics*, London: Allen Lane, 2008）。然而，造就这一"奇迹"的主要原因是政府干预（如延长临时补贴和"取消溢价"）、工会和公司之间的重新合作，以及集体谈判的灵活性（参看Thomas Haipeter, 'Sozialpartnerschaft in und nach der Krise: Entwicklungen und Perspektiven', *Industrielle Beziehungen* 19(4), 2012, 387-411）。

8 Bundesagentur für Arbeit, *Monatsbericht zum Arbeits- und Ausbildungsmarkt – Januar 2018*, Nuremburg.

9 Karl-Heinz Paqué, *Vollbeschäftigt. Das neue deutsche Jobwunder*, Munich: Carl Hanser, 2012. 参看the website of the *Frankfurter Allgemeine Zeitung*, cited above。

10 参看Klaus Dörre, Karin Scherschel, Melanie Booth, Tine Haubner, Kai Marquard-sen and Karen Schierhorn (eds), *Bewährungsproben für die Unterschicht*? *Soziale Folgen aktivierender Arbeitsmarktpolitik*, Frankfurt: Campus, 2013, 32ff。

11 参看Robert Castel, *La montée des incertitudes. Travail, protections, status de l'individu*, Paris: Éditions du Seuil, 2009, 12, 93ff。

12 Steffen Mau, *Lebenschancen. Wohin driftet die Mittelschicht?*, Berlin: Suhrkamp, 2012, 49; 参看Rainer Trinczek, 'Überlegungen zum Wandel der Arbeit', *WSI-Mitteilungen* 64/11, 2011, 606-14。

13 Statistisches Bundesamt, 'Arbeitsmarkt. Erwerbstätige im Inland nach Wirtschafts-sektoren', 2014, www.destatis.de (accessed February 2016).

14 Ulrich Brinkmann, *Die unsichtbare Faust des Marktes. Betriebliche Kontrolle und Koordination im Finanzmarktkapitalismus*, Berlin: Edition Sigma, 2011. 在我自己的研究中，我遇到了一个例子，一家汽车制造商的整个车轴生产都作为工业服务外包给了另一家公司（参看Ulrich Brinkmann, 'Postdemokratie, Mitbestimmung und industrielle Bürgerrechte, *Politische Vierteljahresschrift* 54(3), 2013, 506-33）。未来，工业服务公司的扩张很可能会继续。

15 Daniel Oesch and Jorge Rodriguez Menés, 'Upgrading or Polarization? Occupation-al Change in Britain, Germany, Spain and Switzerland, 1990-2008', *Socio-Economic Review* 9(3), 2011, 503-31.

16 Michael Vester, 'Postindustrielle oder industrielle Dienstleistungsgesellschaft. Wohin treibt die gesellschaftliche Arbeitsteilung?', *WSI-Mitteilungen* 64(12), 2011, 624, 638.

17 这是最近出版的几篇文献所传递的信息。（参看Martin Ford, *Rise of the Robots*: *Technology and the Threat of a Jobless Future*, New York: Basic Books, 2015; Erik Brynjolfsson and Andrew McAfee, *The Second Machine Age*: *Work, Progress, and Prosperity in a Time of Brilliant Technologies*, New York: W.W. Norton & Company, 2014 等文献）

18 参看同上，163ff。

19 Carl Benedict Frey and Michael Osborne, *The Future of Employment*: *How*

*Susceptible are Jobs to Computerization?* Oxford: Oxford University Press, 2013; Holger Bonin, Terry Gregory and Ulrich Zierahn, *Übertragung der Studie von Frey/Osborne* (2013) *auf Deutschland, Kurzexpertise* 57, Mannheim: Zentrum für europäische Wirtschaftsforschung, 2015.

20 关于工人群体的权力资源，参看Stefan Schmalz and Klaus Dörre (eds), *Comeback der Gewerkschaften? Machtressourcen, innovative Praktiken, internationale Perspektiven*, Frankfurt: Campus, 2013; 也可参看Ulrich Brinkmann and Oliver Nachtwey, 'Krise und strategische Neuorientierung der Gewerkschaften', *Aus Politik und Zeitgeschichte* 60(13-14), 2010, 21-9。

21 然而，这种结构性权力可能会发生巨大变化，如前一章中与众包相关的内容所示。未来全球，劳动力市场将越来越多地开展知识密集型活动。

22 Hartmut Hirsch-Kreinsen, Peter Ittermann and Jörg Abel, 'Industrielle Einfacharbeit. Kern eines sektoralen Produktions- und Arbeitssystems', *Industrielle Beziehungen* 19(2), 2012, 187- 210.

23 参看Philipp Staab, *Macht und Herrschaft in der Servicewelt*, Hamburg: Hamburger Edition, 2014。

24 Friederike Bahl and Philipp Staab, 'Das Dienstleistungsproletariat. Theorie auf kaltem Entzug', *Mittelweg* 36 19(6), 2010, 66-93.

25 Beck, *Risikogesellschaft*.

26 关于这点，参看Castel, *L'insécurité sociale*, 33, n22) and Stephan Voswinkel, *Was wird aus dem 'Fahrstuhleffekt'? Postwachstum und Sozialer Aufstieg*, Working Paper der DFG- Forschergruppe Postwachstumsgesellschaften, Friedrich-Schiller-Universität Jena, 2013。

27 贝克分离出多个维度：收入、教育、地域流动、法律、知识、大众消费。我在这里主要关注收入和社会地位。

28 此处所描述的自动扶梯效应，在前东德各州的体现大不相同。尽管有过几次下降，但在统一后的最初时期，出现了高水平的社会升迁（参看Rainer Geißler, *Die Sozialstruktur Deutschlands*, Wiesbaden: VS, 2014）。

29 Statistisches Bundesamt, 'Tarifindex', 2015, www.destatis.de (accessed February

2016).

30 OECD, *Growing Unequal? Income Distribution and Poverty in OECD Countries*, Country Note Germany, Paris, 2008.

31 如果我们将协商工资率和实际工资进行区分，则会看到不同的景象。然而，没有相关的长期数据。参看Diagram 4.2 and International Labour Organisation, *World of Work Report* 2011: *Making Markets Work for Jobs*, Geneva, 2011。

32 总收入直到2014年才恢复到2000年的水平。

33 工资比率并非一个没有争议的指标，它被许多因素扭曲了。例如，在经济危机开始时，随着利润暴跌和劳动收入成比例地上升，失业率经常上升。如果董事和经理的工资增加，这也会提高工资比率，因为管理层薪酬的一部分计入了劳动收入。（参看Claus Schäfer, 'Die Lohnquote—ein ambivalenter Indikator für soziale Gerechtigkeit und ökonomische Effizienz', *Sozialer Fortschritt* 53(2), 2004, 45-52; Thomas Weiß, 'Die Lohnquote nach dem Jahrtausendwechsel', *Sozialer Fortschritt* 53(2), 2004, 36-40）

34 "等值收入"是每个家庭成员的加权平均收入。加权遵循全欧洲的标准化程序。后文中的家庭收入与该权重相关。

35 Jan Goebel, Peter Krause and Roland Habich, 'Einkommensentwicklung—Verteilung, Angleichung, Armut und Dynamik', *Statistisches Bundesamt/ Wissenschaftszentrum Berlin für Sozialforschung* 2013.

36 基尼系数（Gini coefficient）是国际上用来衡量不平等的指标行为，可以取0（完全相等分布）和1（完全不相等）之间的值。

37 参看Geißler, *Die Sozialstruktur Deutschlands*, 77。如果只考虑市场收入，基尼系数就有所上升。2011年为0.485，自1991年以来大幅上升，而此前一直保持不变甚至下降。2005年达到最高水平，之后略有回落，然后再次上升；见Sachverständigenrat zur Begutachtung der gesamtwirtschaftlichen Entwicklung, *Jahresgutachten* 2013/14. *Gegen eine rückwärtsgewandte Wirtschaftspolitik*, Wiesbaden, 2013。

38 参看Robert K. Merton, 'The Matthew Effect in Science', *Science* 159(3810), 5 January 1968, 56-63。德国现在的基尼系数约为0.78，在国际上，这是一个特别

高的财富集中度（参看Markus M. Grabka and Christian Westermeier, 'Anhaltend hohe Vermögensungleichheit in Deutschland', *DIW-Wochenbericht* 9, 2014, 151-64）。

39 参看Hans-Ulrich Wehler, *Die neue Umverteilung. Soziale Ungerechtigkeit in Deutschland*, Munich: C. H. Beck, 2013, 73。

40 参看Geißler, *Die Sozialstruktur Deutschlands*, 88。2012年，德国公民的平均资产超过8.3万欧元。意味着相当高的繁荣水平，总计约500万亿欧元。与此同时，财富分配变得越来越不平等。最富有的1%的人的财富增加到平均81.7万欧元，而那些拥有负资产（债务）的人（包括失业者）的比例在十年内从5.2%上升到7.4%（Grabka and Westermeier, 'Anhaltend hohe Vermögensungleichheit'）。本研究的作者明承认，收集到的数据很可能最大限度地降低了真实的不平等程度。

41 Thomas Piketty, *Capital in the Twenty-First Century*, Cambridge, MA: Belknap, 2015.

42 Olaf Groh-Samberg and Florian F. Hertel, 'Ende der Aufstiegsgesellschaft?', *Aus Politik und Zeitgeschichte* 65(10), 2015, 25-32, 29.

43 因此，贫困不一定等同于饥饿或缺乏必需品。

44 Silvia Deckl, 'Einkommensungleichheit, Armut und materielle Entbehrung', in *Statistisches Bundesamt/Wissenschaftszentrum Berlin für Sozialforschung* 2013.

45 'Jeden Dritten werfen ungeplante Ausgaben von 1000 Euro aus der Bahn', *Frankfurter Allgemeine Zeitung*, 23 April 2018.

46 这里提出的朝不保夕特指就业方面。但是，不言而喻，这种不稳定会带来更为严重的社会后果：工作和空闲时间的界限被打破，计划组建家庭变得更加困难等。（Kerstin Jürgens, 'Prekäres Leben', *WSI-Mitteilungen* 64(8), 2011, 379-85）

47 Castel, *La montée des incertitudes*, 159ff.

48 1999 年至2013 年间，派遣工作增长了186%。（参看Karin Scherschel and Melanie Booth, 'Aktivierung in der Prekarität: Folgen der Arbeitsmarktpolitik in Deutschland', in Karin Scherschel, Peter Streckeisen and Manfred Krenn (eds),

*Neue Prekarität. Die Folgen aktivierender Arbeitsmarktpolitik—europäische Länder im Vergleich*, Frankfurt: Campus, 2013, 35）

49 参看Statistisches Bundesamt, *Statistisches Taschenbuch* 2017, 351。典型的个体经营者（如律师、店主或工匠）通常自己也有雇员。但独立的自由职业者经常处于不稳定的工作环境中，就好像他们以与雇员类似的方式工作（比如同公司签订合同）。他们缺少任何可以和工会对等的组织，也没有受到保护和共同决定的权利。这就是为什么在这一类别中，尽管从事有偿工作但仍领取失业金二（ALG-Ⅱ）的所谓"预备劳动力"（top-ups）人数特别增加的原因（参看Lena Koller, Nadja Neder, Helmut Rudolph and Mark Trappmann, *Viel Arbeit für wenig Geld*, IAB-Kurzbericht 22/2012, Nuremberg）。

50 参看Statistisches Bundesamt, *Statistisches Taschenbuch* 2017, 368, fn. 47。

51 参看Christian Hohendanner, *Unsichere Zeiten, unsichere Verträge?*, IAB-Kurzbericht 14/2010, Nuremberg。这导致非典型关系在职业生涯开始时最为常见（Petra Böhnke, Janina Zeh and Sebastian Link, 'Atypische Beschäftigung im Erwerbsverlauf: Verlaufstypen als Ausdruck sozialer Spaltung?', *Zeitschrift für Soziologie* 44(4), 2015, 234-52）。

52 参看Schüller and Wingerter, 'Arbeitsmarkt und Verdienste', 120。

53 参看Thomas Rhein and Heiko Stüber, *Bei Jüngeren ist die Stabilität der Beschäftigung gesunken*, IAB-Kurzbericht 3/2014, Nuremberg。

54 Natalie Grimm, Andreas Hirseland and Berthold Vogel, 'Die Ausweitung der Zwischenzone. Erwerbsarbeit in Zeiten der neuen Arbeitsmarktspolitik', *Soziale Welt* 64(3), 2013, 249-68. 参看Julia Simonson, Laura Romeu Gordo and Nadiya Kelle, 'Separate Paths, Same Direction? De-standardization of Male Employment Biographies in East and West Germany', *Current Sociology* 63(3), 2015, 387-410。不过，另一项研究表明，从正常劳动关系直接偏离到长期不稳定就业的人数相对较少（参看Böhnke et al., 2015）。

55 Natalie Grimm, 'Statusinkonsistenz revisited! Prekarisierungsprozesse und soziale Positionierung', *WSI-Mitteilungen* 66(2), 2013, 89-97.

56 参看Hans-Jürgen Andreß and Till Seeck, 'Ist das Normalarbeitsverhältnis noch

armutsvermeidend?', *Kölner Zeitschrift für Soziologie und Sozialpsychologie* 59(3), 2007, 459-92。

57 参看Schüller and Wingerter, 'Arbeitsmarkt und Verdienste', 116。

58 Christian Woitschig, Hanna Brenzel, Alexander Eglmair, Alexander Kubis, Andreas Moczall and Susanne Wagner, *Betriebe wie Beschäftigte können profitieren*, IAB-Kurzbericht, Nuremberg, 2013.

59 参看Mirjam Bick, 'Verdienste und Arbeitskosten', in *Statistisches Bundesamt/ Wissenschaftszentrum Berlin für Sozialforschung* 2013, 132。

60 参看Oliver Marchart, *Die Prekarisierungsgesellschaft. Prekäre Proteste—Politik und Ökonomie im Zeichen der Prekarisierung*, Bielefeld: transcript, 2013; Stefanie Hürtgen, 'Prekarität als Normalität', *Blätter für deutsche und internationale Politik* 53(4), 2008, 113-19。

61 参看Alexandre Krause and Christoph Köhler, 'Von der Vorherrschaft interner Arbeitsmärkte zur dynamischen Koexistenz von Arbeitsmarktsegmenten', *WSI-Mitteilungen* 64(11), 2011, 588-96; 同上, *Arbeit als Ware. Zur Theorie flexibler Arbeitsmärkte*, Bielefeld: transcript, 2012。

62 Kevin Doogan, *New Capitalism? The Transformation of Work*, Cambridge: Polity, 2009.

63 参看Berthold Vogel, *Wohlstandskonflikte. Soziale Fragen, die aus der Mitte kommen*, Hamburg: Hamburger Edition, 2009; Luc Boltanski and Eve Chiapello, *The New Spirit of Capitalism*, London: Verso, 2005。

64 参看Stephan Voswinkel, *Was wird aus dem 'Fahrstuhleffekt'? Postwachstum und Sozialer Aufstieg*, Working-Paper der DFG-Forschergruppe. Postwachstums-gesellschaften, Friedrich-Schiller- Universität Jena, 2013, 22。

65 Stephan Voswinkel, 'Arbeit und Subjektivität', in Klaus Dörre, Dieter Sauer and Volker Wittke (eds), *Kapitalismustheorie und Arbeit*, Frankfurt: Campus, 2012.

66 参看Peter Bartelheimer and René Lehweß-Litzmann, 'Externe Arbeitsmärkte. Gesellschaftliche Voraussetzungen und prekäres Potential', in Krause and Köhler (eds), *Arbeit als Ware*。

67 Offe and Hinrichs, 'Sozialökonomie des Arbeitsmarktes', 70.

68 Pierre Bourdieu, *Algeria* 1960, Cambridge: Cambridge University Press, [1963] 1979, 66.

69 参看以下文献：Hajo Holst, Oliver Nachtwey and Klaus Dörre, *Funktionswandel und Leiharbeit. Neue Nutzungsstrategien und ihre arbeits- und mitbestimmung-spolitischen Folgen*, Arbeitsheft der Otto-Brenner-Stiftung 61, Frankfurt, 2009。

70 访谈发生在一家领先的德国汽车生产商，访谈对象为一位曾为分包商工作的派遣工。

71 Hajo Holst and Oliver Nachtwey (2010), 'Die Internalisierung des Reservearmee-mechanismus. Grenztransformationen am Beispiel der strategischen Nutzung von Leiharbeit', in Karina Becker, Lars Gertenbach, Henning Laux and Tilmann Reitz (eds) *Grenzverschiebungen des Kapitalismus*, Frankfurt: Campus, 2010. 工业后备军的概念由马克思提出，他将暂时过剩的工人描述为 "相对过剩人口"（relative surplus population），并区分了 "流动的、潜伏的、停滞的" 三种形式（*Capital* Volume One, Harmondsworth: Penguin, 1976, 794）；参看Oliver Nachtwey, 'Arbeit, Lohnarbeit und Industriearbeit', in Ingrid Artus, Alexandra Krause, Gisela Notz, Tilman Reitz, Claudius Vella and Jan Weyand (eds), *Marx für Sozialwissenschaftlerinnen. Eine Einführung*, Wiesbaden: VS, 2014）。 "流动的" 过剩人口首先由工业生产中心的工人阶级组成。最接近现代不稳定无产阶级概念的是马克思提出的第三种形式，即相对过剩人口中 "停滞的" 部分： "这构成了现役劳动大军的一部分，但就业极不规律……其生活条件低于工人阶级的平均正常水平，正是这一点，使其成为资本主义剥削特殊部门的广泛基础"。（*Capital* Volume One, 796）

72 参看Markus Promberger, 'Eine Strategie oder viele Strategien? Zur Polyvalenz flex-ibler Beschäftigungsformen im betrieblichen Einsatz am Beispiel der Leiharbeit', in Krause and Köhler (eds), *Arbeit als Ware*。

73 这就是经济学家所说的 "奥肯定律"（Okun's law）（参看Paul A. Samuelson and William D. Nordhaus, *Economics*, New York; McGraw-Hill, 1995）。

74 人口结构的变化可能证实了一种对抗的趋势。在其他条件相同的情况下，对当今社会的推断将在几年内导致更严重的专业技能短缺，这可能会再次加强工人的地位。

75 Herfried Münkler, *Mitte und Maß. Der Kampf um die richtige Ordnung*, Reinbek bei Hamburg: Rowohlt, 2010.

76 参看Mau, *Lebenschancen*; Münkler, *Mitte und Maß*; Rolf G. Heinze, *Die erschöpfte Mitte. Zwischen marktbestimmten Soziallagen, politischer Stagnation und der Chance auf Gestaltung*, Weinheim: Juventa, 2011。

77 Vogel, *Wohlstandskonflikte*.

78 参看Münkler, *Mitte und Maß*, 49。

79 参看Robert Castel, *From Manual Workers to Wage Laborers: Transformation of the Social Question*, New Brunswick, NJ: Transaction Publishers, 367ff。

80 社会脆弱和不稳定的感觉或多或少假定了安全是人们经验内的东西。（参看Berthold Vogel, 'Soziale Verwundbarkeit und prekärer Wohlstand', in Heinz Bude and Andreas Willisch (eds), *Das Problem der Exklusion. Ausgegrenzte, Entbehrliche, Überflüssige*, Hamburg: Hamburger Edition, 2006, 346）

81 Robert Castel and Klaus Dörre (eds), *Prekarität, Abstieg, Ausgrenzung. Die soziale Frage am Beginn des* 21. *Jahrhunderts*, Frankfurt: Campus, 2009; Klaus Dörre, 'Prekarität—eine arbeitspolitische Herausforderung', *WSI-Mitteilungen* 5, 2005.

82 Vogel, 'Soziale Verwundbarkeit'.

83 Bertelsmann Stiftung (ed.), *Mittelschicht unter Druck?*, Gütersloh, 2012, 7ff. 也可参看Gerhard Bosch and Thorsten Kalina, *Die Mittelschicht in Deutschland unter Druck*, IAQ-Report 2004-15, Duisburg/Essen。

84 Groh-Samberg and Hertel, 'Ende der Aufstiegsgesellschaft?'; 同上, 'Abstieg der Mitte? Zur langfristigen Mobilität von Armut und Wohlstand', in Nicole Burzan and A. Berger (eds), *Dynamiken (in) der gesellschaftlichen Mitte*, Wiesbaden: VS, 2010.

85 Mau, *Lebenschancen*, 61; 参看Münkler, *Mitte und Maß*, 56ff。

86 这描述了收入在中位数70% 至90% 之间的家庭。

87 参看Bertelsmann Stiftung (ed.), *Mittelschicht unter Druck?*, 20ff。

88 Michael Vester and Christel Teiwes-Kügler, 'Unruhe in der Mitte: Die geprellten

Leistungsträger des Aufschwungs', *WSI-Mitteilungen* 60(5), 2007, 231-38.

89 参看Vogel, *Wohlstandskonflikte*, 220。

90 参看Holger Lengfeld and Jochen Hirschle, 'Die Angst der Mittelschicht vor dem sozialen Abstieg. Eine Längsschnittanalyse 1984-2007', in Burzan and Berger (eds), *Dynamiken (in) der gesellschaftlichen Mitte*; Petra Böhnke, 'Hoher Flug, tiefer Fall? Abstiege aus der gesellschaftlichen Mitte und ihre Folgen für das subjektive Wohlbefinden', in Nicole Burzan and Peter A. Berger (eds), *Dynamiken (in) der gesellschaftlichen Mitte*, Wiesbaden: VS, 2010, 231-48。

91 Vogel, *Wohlstandskonflikte*, 185.

92 Bude and Willisch (eds), *Exklusion*, 13.

93 Klaus Kraemer, 'Abstiegsängste in Wohlstandslagen'.

94 Mau, *Lebenchancen*, 71.

95 这当然涉及一定的社会选择(social selection)。并非所有父母都能资助子女的实习。

96 参看Heinz Bude, *Bildungspanik. Was unsere Gesellschaft spaltet*, Munich: Carl Hanser, 2011。

97 参看Geißler, *Die Sozialstruktur Deutschlands*, 348ff。

98 参看Michael Hartmann, *Eliten und Macht in Europa. Ein internationaler Vergleich*, Frankfurt: Campus, 2007; 同上, *Der Mythos von den Leistungseliten*, Frankfurt: Campus, 2002。

99 Mau, *Lebenschancen*, 61, 89.

100 对中产阶级和一般社会阶层的研究习惯分析它们的稳定性和连贯性。然而，社会流动表明了可能在多大程度上将一个人的阶级转变为更高层级。换言之，这是一个社会出身与社会地位之间联系的问题。最终,教育和资质将发挥作用，因为社会出身会影响人们的志向。

101 流动研究也使用了绝对流动（absolute mobility）的概念，这一概念考虑了群体之间和阶级之间的流动。然而，社会升迁和社会降落一般被分析为相对流动（*relative* mobility），即个体在阶层之间和阶级之间的位置变化。

102 参看Reinhard Pollack, 'Soziale Mobilität', *Statistisches Bundesamt/Wissenschaftszentrum Berlin für Sozialforschung* 2013, 189-97。

103 Voswinkel, *Was wird aus dem 'Fahrstuhleffekt'?*, 21.

104 参看Mau, *Lebenschancen*, 131。

105 这不仅是因为公共服务行业的上升通道受到了极大的限制。上升通道早已被堵住，因为扩张期，有整整一代有资质的年轻雇员进入了这一行业门，并阻止了后辈跟随（参看Vogel, *Wohlstandskonflikte*）。

106 Goebel, Krause and Habich, 'Einkommensentwicklung', 6.

107 Pollack, 'Soziale Mobilität', 196; 也可参看Groh-Samberg and Hertel, 'Ende der Aufstiegsgesellschaft?'

108 参看Pollack, 'Soziale Mobilität'。

109 参看Stefan Hradil, 'Der deutsche Armutsdiskurs', *Aus Politik und Zeitgeschichte* 60(51- 52), 2010, 3-8。尽管斯蒂芬·沃斯温克尔（Stephan Voswinkel）在他关于社会进步的出色研究中提出了这一假定（*Was wird aus dem 'Fahrstuhleffekt'?*），这种方向仍然是社会所期望的——只是其承诺不再被遵守。

110 Castel, *La montée des incertitudes*, p. 31.

111 参看John Rawls, *A Theory of Justice*, Cambridge, MA: Harvard University Press, 2005。

112 参看Robert Brenner, *The Economics of Global Turbulence*, London: Verso, 2006; Fritz Scharpf, 'International Monetary Regimes and the German Model', *MPIFG Discussion Paper* 18/1, Cologne: Max Planck Institute for the Study of Societies, 2018。

113 参看Andt Sorge and Wolfgang Streeck, 'Diversified Quality Production Revisited: The Transformation of Production Systems and Regulatory Regimes in Germany', *MPIfG Discussion Paper* 16/13, Cologne: Max Planck Institute for the Study of Societies, 2016。

114 接下来的论点在很大程度上要归功于：Dustmann, Fitzenberger, Schönberg and Spietz- Oener, 'Sick Man of Europe'。

115 参看Dörre et al. (eds), *Bewährungsproben*; Scherschel and Booth, 'Aktivierung in die Prekarität'。

116 参看Klaus Dörre, Anja Happ and Ingo Matuschek, *Das Gesellschaftsbild der LohnarbeiterInnen. Soziologische Untersuchungen in ost- und westdeutschen Industriebetrieben*, Hamburg: VSA, 2013, 36, 43。

117 Geißler, *Die Sozialstruktur Deutschlands*, 239ff.

118 与此同时，尤其是在劳动力市场好转的情况下，受惠者的数量并没有像失业者那样下降（Scherschel and Booth, 'Aktivierung in die Prekarität'）。

119 Mario Rainer Lepsius, 'Soziale Ungleichheit und Klassenstrukturen in der Bundesrepublik Deutschland', in Hans-Ulrich Wehler (ed.), *Klassen in der europäischen Sozialgeschichte*, Göttingen: Vandenhoeck & Ruprecht, 1979.

120 参看Geißler, *Die Sozialstruktur Deutschlands*, 232ff。

121 参看Thorsten Kalina and Claudia Weinkopf, *Niedriglohnbeschäftigung* 2012 *und was ein gesetzlicher Mindestlohn von* €8.50 *verändern könnte*, IAQ-Report 2014-02, Duisburg/Essen。

122 参看Gerhard Bosch and Claudia Weinkopf (eds), *Arbeiten für wenig Geld. Niedriglohnbeschäftigung in Deutschland*, Frankfurt: Campus, 2007。

123 Bundesagentur für Arbeit, *Hintergrundinformation. Neue Ergebnisse zu sozialversicherungspflichtig beschäftigten Arbeitslosengeld-II-Beziehern in Vollzeit und Teilzeit*, Collection Hintergrundinformation, Nuremberg, 2014.

124 在失业者中，陷入贫困的比例为29%。此外，这里的数据指的是金融危机前的情况。

125 Dorothee Spannagel, *Aktivierungspolitik und Erwerbsarmut in Europa und Deutschland*, WSI Report 36, Düsseldorf: Hans-Böckler-Stiftung, 2017.

126 Groh-Samberg and Hertel, 'Ende der Aufstiegsgesellschaft?'

127 Berthold Vogel, 'Soziale Verwundbarkeit und prekärer Wohlstand', in Bude and Willisch (eds) *Das Problem der Exklusion*, 354.

128 参看Robert K. Merton, *Social Theory and Social Structure*, New York: Macmillan,

[1949] 1968。

129 在我的研究中，我经常遇到"工作规范不再被遵从"这种表述。

130 Voswinkel, *Was wird aus dem 'Fahrstuhleffekt'*?, 30.

131 Cornelia Koppetsch, *Die Wiederkehr der Konformität. Streifzüge durch die gefährdete Mitte*, Frankfurt: Campus, 2013.

132 Hartmut Rosa, 'Capitalism as a Spiral of Dynamisation: Sociology as Social Critique', in Dörre, Lessenich and Rosa, *Sociology, Capitalism, Critique*, 85.

133 参看Alex Honneth, 'Brutalization of the Social Conflict: Struggles for Recognition in the Early Twenty-first Century', *Distinktion: Journal of Social Theory* 13(1), 2012, 5-19; Sighard Neckel, 'Die Verwilderung der Selbstbehauptung. Adornos Soziologie: Veralten der Theorie— Erneuerung der Zeitdiagnose', in Axel Honneth (ed.), *Dialektik der Freiheit. Frankfurter Adorno- Konferenz* 2003, Frankfurt: Suhrkamp, 2005。

134 参看Sighard Neckel, Anna Katharina Schaffner and Greta Wagner (eds), *Burnout, Fatigue Exhaustion: An Interdisciplinary Perspective on a Modern Affliction*, London: Palgrave Macmillan, 2017; Voswinkel, 'Arbeit und Subjektivität'。

135 Groh-Samberg and Hertel, 'Ende der Aufstiegsgesellschaft?'

136 参看Münkler, *Mitte und Maß*, 71。

137 Bourdieu, *Distinction*.

138 参看比如Paul Nolte, *Generation Reform. Jenseits der blockierten Republik*, Munich: C. H. Beck, 2004; Thilo Sarrazin, *Deutschland schafft sich ab. Wie wir unser Land aufs Spiel setzen*, Munich: DVA, 2010。

139 参看Klaus Dörre et al. (eds), *Bewährungsproben*, 18ff。

140 Wilhelm Heitmeyer, *Deutsche Zustände. Folge* 1–10, Frankfurt: Suhrkamp, 2002-12.

141 Bude and Willisch (eds), *Exklusion*, 113ff. 通过这样的排斥政策，中产阶级避免了某些竞争情况。此外，由于他们往往不愿意透露他们从中获利的竞争和社会排斥机制，赫尔弗里德·明克勒（Herfried Münkler）甚至提出一种"臭名昭著的偏执倾向"（notorious tendency to bigotry）（*Mitte und Maß*,

171ff.）。

142 Mau, *Lebenschancen*, 162.

143 参看Grimm, Hirseland and Vogel, 'Die Ausweitung der Zwischenzone'; Dörre et al., *Bewährungsproben*。

144 参看Göran Therborn, 'Class in the Twenty-first Century', *New Left Review* II(78), 6。

145 参看Roland Habich, 'Soziale Lagen und soziale Schichtung', *Statistisches Bundesamt/Wissenschaftszentrum Berlin für Sozialforschung* 2013, 191-88。

146 参看Bahl and Staab, 'Das Dienstleistungsproletariat'; Stéphane Béaud and Michel Pialoux, *Die verlorene Zukunft der Arbeiter. Die Peugeot-Werke von Sochaux-Montbéliard*, Konstanz: UVK, 2009; Dörre et al., *Bewährungsproben*。

147 参看Dörre et al., *Bewährungsproben*; Franz Walter, 'Die starken Arme legen keine Räder mehr still. Der "Malocher" trat ab und ein Prekariat entstand', in Johanna Klatt and Franz Walter (eds), *Entbehrliche der Bürgergesellschaft. Sozial Benachteiligte und Engagement*, Bielefeld: transcript, 2011。

148 在关于"新的底层阶级"（new underclass）的讨论中，这是一种基于文化的、对一个群体的蓄意贬低，使他们认为自己的偏差行为对自己的命运负有主要责任（参看Nolte, *Generation Reform*）。

149 围绕社会排斥和底层阶级的各种社会科学讨论有许多互相联系的地方。正如此处所分析的，排斥的概念适用于底层阶级，但前提是在高失业率背景下出现内部/外部的区别。与此同时，关于排斥的讨论诊断出了惊人的关于不平等的新问题，预示了此处分析的许多现象。参看Heinz Bude, *Die Ausgeschlossenen. Das Ende vom Traum einer gerechten Gesellschaft*, Munich: Carl Hanser, 2008; 同上, 'Die Überflüssigen als transversale Kategorie', in Peter A. Berger and Michael Vester (eds), Alte *Ungleichheiten. Neue Spaltungen*, Opladen: Leske+Budrich, 1998; Heinz Bude and Andreas Willisch (eds), *Exklusion. Die Debatte über die 'Überflüssigen'*, Frankfurt: Suhrkamp, 2008; 同上 (eds), *Das Problem der Exklusion*, Hamburg: Hamburger Edition, 2006; Martin Kronauer, *Exklusion. Die Gefährdung des Sozialen im hoch entwickelten Kapitalismus*, Frankfurt: Campus, 2002。

150 参看Peter Haan, Daniel Kemptner, Holger Lüthen, 'The Rising Longevity Gap by Lifetime Earnings: Distributional Implications for the Pension System', *DIW-Discussion Papers* 1698, 2017。

151 在本书中，阶级和阶层的概念在实证描述中是同义词，因为尽管分析上的区别可能很大，但它们都包括具有相似社会经济状况、相似生活经历和个人特征（态度和价值取向、需求和兴趣、心态和生活方式），以及相似生活机会和风险的人（关于这点，参看Geißler, *Die Sozialstruktur Deutschlands*, 93ff.）。在按阶层进行分析时，这些人被视为形成了一种等级秩序，在这种秩序中，其中的成员拥有比其他人更好或更差的条件。而阶级分析假设了一个阶级的境况更好，因为另一个阶级的境况更差。后者涉及系统性剥削（systematic exploitation）、特权（privilege）和劣势（disadvantage）问题（参看Martin Groß, *Klassen, Schichten, Mobilität. Eine Einführung*, Wiesbaden: VS, 2008）。在后文中，阶级概念主要与行为特征相关联。

152 Karl-Siegbert Rehberg, '"Klassengesellschaftlichkeit" nach dem Ende der Klassengesellschaft?', *Berliner Journal für Soziologie* 21(1), 2011, 7-21. 参看 Groß, *Klassen, Schichten, Mobilität*。

153 Rainer Geißler, 'Das mehrfache Ende der Klassengesellschaft', in Jürgen Friedrichs, M. Rainer Lepsius and Karl Ulrich Mayer (eds), *Die Diagnosefähigkeit der Soziologie. Sonderheft Kölner Zeitschrift für Soziologie und Sozialpsychologie* 38, Opladen: Westdeutscher Verlag, 1998. Even so, structures of vertical inequality persist (参看Geißler, *Die Sozialstruktur Deutschlands*; Groß, *Klassen, Schichten, Mobilität*). 现代社会学方法也表现出更强的横向差异（参看Michael Vester, Peter von Oertzen, Heiko Geiling, Thomas Herman and Dagmar Müller, *Soziale Milieus im gesellschaftlichen Strukturwandel. Zwischen Integration und Ausgrenzung*, Frankfurt: Suhrkamp, 2001; Daniel Oesch, *Redrawing the Class Map. Stratification and Institutions in Britain, Germany, Sweden and Switzerland*, Houndmills: Palgrave, 2006）。

154 参看Nicole Burzan, 'Zur Gültigkeit der Individualisierungs-these. Eine kritische Systematisierung empirischer Prüfkriterien', *Zeitschrift für Soziologie* 40(6), 2011, 418-35; Stefan Hradil, *Soziale Ungleichheit in Deutschland*, Wiesbaden: VS,

2005。

155 参看Christoph Deutschmann, *Postindustrielle Industriesoziologie. Theoretische Grundlagen, Arbeitsverhältnisse und soziale Identitäten*, Weinheim: Juventa, 2002; Irene Dingeldey, 'Wohlfahrtsstaatlicher Wandel zwischen "Arbeitszwang" und 'Befähigung'', *Berliner Journal für Soziologie* 17(2), 2007, 189-209, 95ff。

156 此外，还需要考虑对生产资料的处置权，这使得情况更为复杂（参看Eric Olin Wright, *Classes*, London: Verso, 1985）。

157 参看Therborn, 'Class in the 21st century'。西方社会在国际体系中的地位相对下降，篇幅原因不在此讨论。总体而言，西方社会很可能会继续创造繁荣，但在全球层面，位置关系已经在许多方面发生了变化。西方资本主义在世界经济中的重要性相对下降，而发展中国家正在成为工业国家。在中国、巴西或印度等国家，极端贫困已经减少，并且首次出现了相当数量的中产阶层。而在西方世界，趋势却再次朝着另一个方向发展，这是自20世纪30年代大萧条以来的第一次。

158 将《共产党宣言》这一卓越的政治文本作为马克思唯一的阶级理论，对他来说也是不公平的。二元概念是一种"抽象的"模型；在后来的著作中，马克思对生产地位、社会分工以及与之相关的利益作出了非常明确的区分。不过，他并没有发展出具体的阶级理论：正如恩格斯在马克思未完成的章节末尾所指出的那样，"手稿到此中断"（Karl Marx, *Capital* Volume Three, Harmondsworth: Penguin, [1894] 1981, 970）。

159 Eric Olin Wright, 'Understanding Class: Towards an Integrated Analytical Approach', *New Left Review* II(60), 2009, 101-16; 参看Reinhard Kreckel, *Politische Soziologie der sozialen Ungleichheit*, Frankfurt: Campus, 2004。

160 Max Weber, *Economy and Society*, Berkeley, CA: University of California Press, [1921/1922] 1978, 302ff., 927.

161 Wright, 'Understanding Class'.

162 Kreckel, *Politische Soziologie*, 52ff.

163 Sighard Neckel, *Flucht nach vorn. Die Erfolgskultur der Marktgesellschaft*, Frankfurt: Campus, 2008, 37.

164 Anthony Giddens, *The Class Structure of the Advanced Societies*, 287ff.

165 参看Joachim Bergmann, Gerhardt Brandt, Klaus Körber, Ernst Theodor Mohl and Claus Offe (1969), 'Herrschaft, Klassenverhältnis und Schichtung', in Theodor W. Adorno (ed.), *Spätkapitalismus oder Industriegesellschaft? Verhandlungen des 16. Deutschen Soziologentages vom 8. bis 11. April 1968 in Frankfurt am Main*, Stuttgart: Enke, 1969; Offe, *Strukturprobleme*; Kreckel, *Politische Soziologie*。

166 Klaus Dörre, 'Landnahme und soziale Klassen. Zur Relevanz sekundärer Ausbeutung', in Hans-Günter Thien (ed.), *Klassen im Postfordismus*, Münster: Westfälisches Dampfboot, 2010; 同上, 'Krise des Shareholder Value? Kapitalmarktorientierte Steuerung als Wettkampfsystem', in Klaus Kraemer and Sebastian Nessel (eds), *Entfesselte Finanzmärkte. Soziologische Analysen des modernen Kapitalismus*, Bielefeld: transcript, 2012.

167 除此之外，劳动力市场上持续存在着按性别划分的活动。参看Jutta Allmendinger and Thomas Hinz, 'Geschlechtersegregation im Erwerbsbereich. Berufsfelder, Organisationen und Arbeitsgruppen', in Wolfgang Glatzer and Ilona Ostner (eds), *Deutschland im Wandel. Sozialstrukturelle Analysen*, Opladen: Leske+Budrich, 1999; Karin Gottschall, 'Geschlechterverhältnis und Arbeitsmarktsegregation', in Regina Becker-Schmidt and Gudrun-Axeli Knapp (eds), *Das Geschlechterverhältnis als Gegenstand der Sozialwissenschaften*, Frankfurt: Campus, 1995。

168 参看Geißler, *Die Sozialstruktur Deutschlands*, 384。

169 参看Statistisches Bundesamt, 'Gender Pay Gap 2016: Deutschland weiterhin eines der EU- Schlusslichter', www.destatis.de (accessed February 2018)。

170 参看Scherschel and Booth, 'Aktivierung in die Prekarität'; Brigitte Aulenbacher, and Angelika Wetterer (eds), *Arbeit. Perspektiven und Diagnosen der Geschlechterforschung*, Münster: Westfälisches Dampfboot, 2009。

171 Brigitte Aulenbacher, 'Frauen, Männer, Prekarität. Vom fordistischen Versprechen auf Wohlstand zur postfordistischen Reproduktionskrise', in Peter Hammerschmidt and Juliane Sagebie (eds), *Die Soziale Frage zu Beginn des 21. Jahrhunderts*, Neu-Ulm: AG SPAK Verlag, 2011, 126.

172 Nicole Mayer-Ahuja, *Wieder dienen lernen? Vom westdeutschen 'Normalarbeitsverhältnis' zu prekärer Beschäftigung seit* 1973, Berlin: Edition Sigma, 2003, 89ff.

173 这与以下论点相反：Guy Standing, *The Precariat: The New Dangerous Class*, London: Bloomsbury, 2011。

174 传统的马克思主义阶级理论总是从阶级立场论证到相应的准客观阶级意识。

175 Bude, *Das Problem der Exklusion*, 117.

176 参看Philipp Staab, *Macht und Herrschaft in der Servicewelt*, Hamburg: Hamburger Edition, 2014; Bahl and Staab, 'Das Dienstleistungsproletariat'。与《共产党宣言》相反，马克思在《路易·波拿巴的雾月十八日》中坚持认为，糟糕的社会状况不会自动导致相应的意识。他在描写小农时有一句名言："小农人数众多，他们的生活条件相同，但是彼此间并没有发生多式多样的关系。他们的生产方式不是使他们互相交往，而是使他们互相隔离……因此，他们不能以自己的名义来保护自己的阶级利益。"（*Surveys from Exile*, London: Verso, 2012, 238-9）

177 参看Klaus Dörre, 'Schluss: Strukturierende Effekte selektiver Arbeitsmarktpolitik', in Dörre et al., *Bewährungsproben*。

178 同上。

179 参看Ralf Dahrendorf, *Class and Class Conflict in an Industrial Society*, London: Routledge, 1959。

180 此外，个体化的具体程度和效果仍然存在争议。参看Nicole Burzan, 'Zur Gültigkeit der Individualisierungsthese. Eine kritische Systematisierung empirischer Prüfkriterien', *Zeitschrift für Soziologie* 40(6), 2011, 418-35; Thomas Lux, 'Jenseits sozialer Klassen? Eine empirische Überprüfung der Individualisierungsthese am Beispiel von Ungleichheitseinstellungen und Wahlverhalten', *Zeitschrift für Soziologie* 40(6), 2011, 436-57。

181 Heinz Bude, 'Klassengesellschaft ohne Klassenentspannung. Leben in der fragmentierten Gesellschaft', *Neue Gesellschaft, Frankfurter Hefte* 59(3), 2012.

① 此处使用了《圣经》简体中文和合本的翻译：https://cnbible.com/matthew/13-12.htm。——译注

② 此处参考了戚育瑄对Simon Sheikh (Ed.). CAPITAL (It Fails Us Now). Berlin: b_books 2006, pp. 117-139一文的翻译：https://www.heath.tw/nml-article/isabell-lorey-governmentality-and-self-precarization-on-the-normalization-of-cultural-producers/。——译注

③ 此处使用华文哲学百科词条"古典实用主义论真理与实在"中的翻译：http://mephilosophy.ccu.edu.tw/entry.php?entry_name=%E5%8F%A4%E5%85%B8%E5%AF%A6%E7%94%A8%E4%B8%BB%E7%BE%A9%E8%AB%96%E7%9C%9F%E7%90%86%E8%88%87%E5%AF%A6%E5%9C%A8。——译注

# 第五章 反抗

1 在德国的大城市，尤其是柏林，大多数日子都会发生几次小规模的示威或行动。早在1997年，威廉·海特迈尔（Wilhelm Heitmeyer）（*Bundesrepublik Deutschland. Auf dem Weg von der Konsens- zur Konfliktgesellschaft*, Frankfurt: Suhrkamp, 1977）就认为德国走在一条从"共识社会到冲突社会"（a consensus to a conflict society）的道路上，尽管他重点关注的是有关社会或种族问题的争议。

2 E. P. Thompson, 'The Moral Economy of the English Crowd in the 18th Century', *Past and Present* 50, 1971, 76-136.

3 Barrington Moore, *Injustice*: *The Social Bases of Obedience and Revolt*, London: Routledge, 1978.

4 Axel Honneth, *Struggle for Recognition*: *The Moral Grammar of Conflicts*, Cambridge: Polity, 1996.

5 参看Frances Fox Piven and Richard A. Cloward, *Poor People's Movements*: *Why They Succeed, How They Fail*, New York: Random House, 1971。

6 参看Thomas Welskopp, *Das Banner der Brüderlichkeit*, Bonn: Dietz, 2000. 因为政治活动以身份和生活方式为导向，早期工人运动显现出许多当今新社会运动所具有的特征（参看Craig Calhoun, '"New Social Movements" of the Early Nineteenth Century', *Social Science History* 17(3), 1993, 385-427）。

7 关于这种"公平工资"（just wage）诉求的基督教根源，参看Michael Kittner, *Arbeitskampf. Geschichte—Recht—Gegenwart*, Munich: C. H. Beck, 2005, 33ff and 228ff. 马克思和恩格斯最初支持工人运动这一"天然"（natural）口号。直到后来，他们才反对它，原因之一是它内在的改良主义性质。参看Karl Marx, *Value, Price and Profit* (*Marx-Engels Collected Works*, vol. 20, London: Lawrence and Wishart, [1865] 1985), and Frederick Engels, 'A Fair Day's Wages for a Fair Day's Work' (同上, vol. 24, [1881] 1989)。

8 Dietmar Suß, '"Ein gerechter Lohn für ein gerechtes Tagewerk"? Überlegungen zu einer Geschichte des Mindestlohns', *Archiv für Sozialgeschichte* 54, 2014, 125-45.

9 参看Stephan Voswinkel, *Anerkennung und Reputation. Die Dramaturgie industrieller Beziehungen*, Konstanz: UVK, 2011, 16; Walther Müller-Jentsch, *Soziologie der industriellen Beziehungen. Eine Einführung*, Frankfurt: Campus, 1997, 202; Axel Honneth, 'Moral Consciousness and Class Domination: Some Problems in the Analysis of Hidden Morality', in *Disrespect: The Normative Foundations of Critical Theory*, London: Polity 2007, 91。不过，这并不意味着所有工会冲突都是在制度框架内发生的（参看Kittner, *Arbeitskampf*）；比如"周六我爸属于我"（On Saturdays My Dad Belongs to Me）运动、争取每周工作35小时的斗争，或成功捍卫现有病假工资权利的罢工行动。科尔政府在1996年试图废除病假工资，却因为工会的抵抗而失败（Wolfgang Streeck, *No Longer the Century of Corporatism. Das Ende des 'Bündnisses für Arbeit'*, MPIfG Working Paper 03/4, Cologne, 2003）。

10 与此有关的其他因素包括对越南战争的抗议、殖民解放运动等。参看Chris Harman, *The Fire Last Time*: 1968 *and After*, London: Bookmarks, 1988。

11 Roland Inglehart, 'Changing Values among Western Publics from 1970 to 2006', *West European Politics* 31(1-2), 2008, 130-46.

12 参看Dieter Rucht, *Modernisierung und neue soziale Bewegungen. Deutschland, Frankreich und USA im Vergleich*, Frankfurt: Campus, 1994; Joachim Raschke, *Soziale Bewegungen. Ein historisch-systematischer Grundriss*, Frankfurt: Campus, 1987。

13 Nancy Fraser and Axel Honneth, *Redistribution or Recognition? A Political-Philo-*

*sophical Exchange*, London: Verso, 2003.

14 参看Seymour M. Lipset and Stein Rokkan (eds), *Party Systems and Voter Alignments. Cross-National Perspectives*, New York: The Free Press, 1967。

15 Honneth, *Freedom's Right*, 223ff.

16 Oliver Nachtwey, 'Zur Remoralisierung des sozialen Konflikts', *Westend. Neue Zeitschrift für Sozialforschung* 10(2), 2013, 69-80.

17 英文版译者注：德国工会联合会（DGB）由工业部门组织，联合了八个主要工会，对社会政策的影响远远超过了工会能产生的直接影响。

18 Danny Michelsen and Franz Walter, *Unpolitische Demokratie. Zur Krise der Repräsentation*, Berlin: Suhrkamp, 2013; Markus Linden and Winfried Thaa (eds), *Krise und Reform politischer Repräsentation*, Baden-Baden: Nomos, 2011.

19 Jürgen Habermas, *Legitimation Crisis*, London: Heinemann, 1976; Claus Offe, *Strukturprobleme des kapitalistischen Staates*, New York: Campus, 2006.

20 Oliver Nachtwey, 'Legitimationsprobleme im Spätkapitalismus revisited', in Karina Becker, Lars Gertenbach, Henning Laux and Tilmann Reitz (eds), *Grenzverschiebungen des Kapitalismus*, Frankfurt: Campus, 2010.

21 参看Alex Demirovic, *Demokratie in der Wirtschaft. Positionen—Probleme—Perspektiven*, Münster: Westfälisches Dampfboot, 2007。1972年和2011年的企业法扩大了共同决定权。工会的一些关键点，比如德国工会共同决定的双重特征（工会在公司中产生影响的可能性相对较小）保持不变。

22 1996年，就有大约35万人在波恩霍夫公园举行示威，反对削减福利，特别是反对修改病假工资条例的提议。不过，这次示威的成功动员首先要归功于德国工会联合会的努力（Gérard Bökenkamp, *Das Ende des Wirtschaftswunders. Geschichte der Sozial-, Wirtschafts- und Finanzpolitik in der Bundesrepublik 1969–1998*, Stuttgart: Lucius, 2010）。

23 Dieter Rucht and Mundo Yang, 'Wer protestierte gegen Hartz IV', *Forschungsjournal Neue Soziale Bewegungen* 17(4), 2004, 21-7; Christian Lahusen and Britta Baumgarten, *Das Ende des sozialen Friedens? Politik und Protest in Zeiten der Hartz-Reformen*, Frankfurt: Campus, 2010. 尤其是在下层阶级中，弱势群体和反

抗之间没有必然的联系。在这些区域，对位置商品（positional goods）的竞争更为激烈。参看Klaus Dörre, Karin Scherschel, Melanie Booth, Tine Haubner, Kai Marquardsen and Karen Schierhorn (eds), *Bewährungsproben für die Unterschicht? Soziale Folgen aktivierender Arbeitsmarktpolitik*, Frankfurt: Campus, 2013。

24  Oliver Nachtwey and Tim Spier, 'Günstige Gelegenheit? Die sozialen und politischen Entstehungshintergründe der Linkspartei', in Tim Spier, Felix Butzlaff, Matthias Micus and Franz Walter (eds), *Die Linkspartei. Zeitgemäße Idee oder Bündnis ohne Zukunft?*, Wiesbaden: VS, 2007.

25  Ulrich Brinkmann and Oliver Nachtwey, 'Industrial Relations, Trade Unions and Social Conflict in German Capitalism', *La Nouvelle Revue du Travail* 2/3, 2013, nrt. revues.org (accessed February 2016).

26  Müller-Jentsch, *Soziologie der industriellen Beziehungen*, 22; Heiner Dribbusch (ed.), 'Streik-Bewegungen. Neue Entwicklungen im Arbeitskampf', *Forschungsjournal Neue Soziale Bewegungen* 22(4), 2009, 56-66.

27  Ulrich Brinkmann, Hae-Lin Choi, Richard Detje, Klaus Dörre, Hajo Holst, Serhat Karakayali and Catharina Schmalstieg (eds), *Strategic Unionism. Aus der Krise zur Erneuerung?*, Wiesbaden: VS, 2008.

28  Thomas Haipeter, 'Sozialpartnerschaft in und nach der Krise: Entwicklungen und Perspektiven', *Industrielle Beziehungen* 19(4), 2012, 387-411; Heiner Dribbusch, 'Sozialpartnerschaft und Konflikt: Gewerkschaftliche Krisenpolitik am Beispiel der Automobilindustrie', *Zeitschrift für Politik* 59(2), 2012, 123-43; Klaus Dörre, 'Funktionswandel der Gewerkschaften. Von der intermediären zur fraktalen Organisation', in Klaus Dörre and Thomas Haipeter (eds), *Gewerkschaftliche Modernisierung*, Wiesbaden: VS, 2011; 同上, 'Überbetriebliche Regulierung von Arbeitsbeziehungen', in Fritz Böhle, G. Günther Voß and Günther Wachtler (eds), *Handbuch Arbeitssoziologie*, Wiesbaden: VS, 2010。

29  Heiner Dribbusch and Peter Birke, *Die DGB-Gewerkschaften seit der Krise. Entwicklungen, Herausforderungen, Strategien*, Friedrich-Ebert-Stiftung, Berlin, 2014.

30  参看同上，13ff。

31 Wolfgang Streeck, 'The strikes sweeping Germany are here to stay', *The Guardian*, 22 May 2015, www.theguardian.com (accessed February 2016).

32 在公司层面，不再受部门工资协议约束的领域发生冲突的频率正在上升。（参看Axel Hauser-Ditz, Markus Hertwig and Ludger Pries, 'Verbetrieblichung und betrieblicher Konflikt', *Kölner Zeitschrift für Soziologie und Sozialpsychologie* 64(2), 2012, 329-59）

33 Torsten Bewernitz and Heiner Dribbusch, 'Kein Tag ohne Streik: Arbeitskampfentwicklung im Dienstleistungssektor', *WSI-Mitteilungen* 67(5), 2014, 393-401.

34 铁路工会前主席诺伯特·汉森（Norbert Hansen）后来因其功劳被德国铁路公司（Deutsche Bahn AG）增选为董事会成员。

35 Nachtwey, 'Zur Remoralisierung des sozialen Konflikts'.

36 邮局在他们的招聘启事中增设了一个圈套：子公司的员工不仅会获得较低的工资，而且还会以临时合同的形式被雇用。

37 参看Oliver Nachtwey and Luigi Wolf, 'Legitimationsprobleme im Spätkapitalismus revisited', in Becker et al., *Grenzverschiebungen des Kapitalismus*; Oliver Nachtwey and Marcel Thiel, 'Chancen und Probleme pfadabhängiger Revitalisierung. Gewerkschaftliches Organizing im Krankenhauswesen', *Industrielle Beziehungen* 21(3), 2014, 257-76。

38 Brinkmann and Nachtwey, 'Industrial Relations'.

39 Graham Turner, *No Way to Run an Economy: Why the System Failed and How to Put It Right*, London: Pluto, 2009. 德国服务行业工会（Verdi）也经常采取更为强烈的冲突导向。安保公司、电信、分销、卫生部门和零售业也出现了类似运动。

40 参看Detlef Wetzel, *Organizing. Die Veränderung der gewerkschaftliche Praxis durch das Prinzip Beteilung*, Hamburg: VSA, 2013。

41 这一话题也与性别公正的重要问题有关联；参看Kerstin Jürgens, 'Deutschland in der Reproduktionskrise', *Leviathan* 38(4), 2010, 559-87, and Gabriele Winker, *Care Revolution. Schritte in eine solidarische Gesellschaft*, Bielefeld: transcript, 2015。

42 Alexander Herzog-Stein, Malte Lübker, Toralf Pusch, Thorsten Schulten and An-drew Watt, *Der Mindestlohn*: *Bisherige Auswirkungen und Zukünftige Anpassung*, WSI Policy Brief 24/04/20018.

43 David Harvey, *Rebel Cities*: *From the Right to the City to the Urban Revolution*, London: Verso, 2013.

44 Alexander Gallas and Jörg Nowak, 'Agieren aus der Defensive. Ein Überblick zu politischen Streiks in Europa mit Fallstudien zu Frankreichund Großbritannien', in Alexander Gallas, Jörg Nowak and Florian Wilde (eds), *Politische Streiks im Europa der Krise*, Hamburg: VSA, 2012.

45 参看Kerstin Hamann, Alison Johnston and John Kelly, *Striking Concessions from Governments*: *The Success of General Strikes in Western Europe*, 1980–2009, 2013, ssrn.com/abstract=2313413 (accessed February 2016)。

46 Stefan Schmalz and Nico Weinmann, 'Zwei Krisen, zwei Kampfzyklen. Gewerk-schaftsproteste in Westeuropa im Vergleich', in Stefan Schmalz and Klaus Dörre (eds), *Comeback der Gewerkschaften*? *Machtressourcen, innovative Praktiken, internationale Perspektiven*, Frankfurt: Campus, 2013.

47 参看Tony Judt, *Postwar*: *A History of Europe Since* 1945, New York: Vintage, 2010。此处谈及欧洲，我特指的是在东欧国家加入欧盟之前的原始欧盟国家，这些国家在社会现代性时期曾是苏联集团的一部分。

48 Harmut Kaelble, *A Social History of Europe*, 1945–2000: *Recovery and Transforma-tion After Two World Wars*, New York: Berghahn, 2013; Göran Therborn, *European Modernity and Beyond*: *The Trajectory of European Societies* 1945–2000, Thousand Oaks, CA: Sage Publications, 1995. 这当然不是一个统一的过程；相反，出现了各种类型的社会现代性、有着不同形式的社会保障和福利国家。参看Gøsta Esping-Andersen, *The Three Worlds of Welfare Capitalism*, Chapter 1。

49 参看Steffen Mau and Roland Verwiebe, *European Societies*: *Mapping Structure and Change*, Bristol: Policy Press, 2010。

50 参看Kaelble, *Social History of Europe*; Therborn, *European Modernity*。

51 参看Armin Schäfer, 'Liberalization, inequality and democracy's dis-content',

in Armin Schäfer und Wolfgang Streeck (eds), *Politics in the Age of Austerity*, Cambridge: Polity Press, 2013。

52 危机前，西班牙的债务比例低于德国。

53 参看Isabel Ortiz, Sara Burke, Mohamed Berrada and Hernán Cortés, *World Protests 2006–2013*, New York: Initiative for Policy Dialogue and Friedrich-Ebert-Stiftung, 2013。

54 参看Oliver Nachtwey, 'Großbritannien: Riot oder Revolte', *Blätter für deutsche und internationale Politik* 56(9), 2011, 13-16; Carl Ulrik Schicrup, Aleksandra Aluud and Lisa Kings, 'Reading the Stockholm Riots—A Moment for Social Justice?', *Race and Class* 55(3), 2014, 1-21。

55 参看Robert Castel, *La Discrimination négative*, Paris: Seuil, 2007。

56 Ferdinand Sutterlüty, 'Riots—Moralische Eskalationen?' *Westend. Neue Zeitschrift für Sozialforschung* 10(2), 2013, 3-23. 在英国，骚乱也受到体现精英道德缺失的"道义经济"的刺激。就在年轻人从被掠夺的商店抢走平面电视之前不久，有报道称，英国政客非法挪用了包括平面电视在内的福利，而这了牺牲纳税人的利益（Nachtwey, 'Großbritannien'）。

57 Wolfgang Kraushaar, *Die Aufruhr der Ausgebildeten. Vom arabischen Frühling zur Occupy-Bewegung*, Hamburg: Hamburger Edition, 2012.

58 关于德国占领运动此处和后文中的数据，请参见作者及其同事的实证研究（Ulrich Brinkmann, Oliver Nachtwey and Fabienne Décieux, *Wer sind die 99%? Eine empirische Untersuchung der Occupy-Proteste*, Arbeitspapier der Otto-Brenner-Stiftung 06, Frankfurt, 2013; Fabienne Décieux and Oliver Nachtwey, 'Postdemokratie und Occupy', *Forschungsjournal Soziale Bewegungen* 27(1), 2014, 75-89）。

59 参看Andy Durgan and Joel Sans, '"No One Represents Us": The 15 May Movement in the Spanish State', *International Socialism* 132, 2011, 23-34。

60 参看Ruth Milkman, Stephanie Luce and Penny Lewis, *Changing the Subject: A Bottom-Up Account of Occupy Wall Street in New York City*, New York: The Murphy Institute, 2012。

61 占领雅典宪法广场的情况也是如此。

62 然而，一个突出的事实是缺乏清晰的世界观，比如表现为对政治秩序模式相对漠不关心。大多数参与者很可能认为"社会主义"是一个好主意，但也有许多人支持"社会市场经济"的复兴。占领运动的反对姿态是好的，但没有明确的目标。

63 Dieter Rucht, 'Gesellschaft als Projekt—Projekt in der Gesellschaft', in Ansgar Klein, Hans-Josef Legrand and Thomas Leif (eds), *Neue Soziale Bewegungen—Impulse, Bilanzen und Perspektiven*, Opladen: Westdeutscher Verlag, 1999.

64 这一点在对危机的分析和占领运动活动人士特别批评的问题中都很明显。他们优先考虑了系统性原因（比如有关金融危机原因的问题），而非次系统性原因，更不用说个人原因了。

65 Wolfgang Streeck, *Re-Forming Capitalism*: *Institutional Change in the German Political Economy*, Oxford: Oxford University Press, 2009, 93-105. 这一变化发生在德国资本主义的特定制度体系中，但大多数欧洲国家在原则上是相似的。

66 大部分在营地过夜的核心活动人士投票支持了海盗党。

67 参看Isabell Lorey, Jens Kastner, Gerald Raunig and Tom Waibel (eds), *Occupy! Die aktuellen Kämpfe um die Besetzung des Politischen*, Vienna: Turia+Kant, 2012。

68 Herbert Blumer, 'Collective Behavior', in Robert Park (ed.), *An Outline of the Principles of Sociology*, New York: Barnes & Noble, [1939] 1951.

69 众所周知，西班牙的腐败非常严重，从保守主义政党西班牙人民党到工会，几乎没有一个传统行为体不受腐败影响。

70 "我们能"战略的一个核心思想参考是阿根廷–英国政治学家厄尼斯特·拉克劳（Ernesto Laclau）的著作，他勾勒出了他所认为的进步民粹主义（progressive populism）。这摒弃了传统的"左"和"右"之分，追溯了"上"和"下"之间，以及"精英"和"人民"（不是种族意义上的人民，而是指大多数下层人口）之间的冲突。参看Ernesto Laclau, *On Populist Reason*, London: Verso, 2007。

71 参看Raul Zelik, *Mit Podemos zur demokratischen Revolution*? *Krise und Aufbruch in Spanien*, Berlin: Bertz+Fischer, 2015。

72 Franz Walter, Stine Marg, Lars Geiges and Felix Butzlaff (eds), *Die neue Macht der Bürger. Was motiviert die Protestbewegungen?* Reinbek bei Hamburg: Rowohlt, 2013.

73 参看Kraushaar, *Die Aufruhr der Ausgebildeten*。我们仍然缺乏适当的历史比较，特别是数据上的比较。

74 参看Walter et al., *Die neue Macht der Bürger*, 321ff.; Thymian Bussemer, *Die erregte Republik. Wutbürger und die Macht der Medien*, Stuttgart: Klett-Cotta, 2011。

75 Walter et al., *Die neue Macht der Bürger*, 307, 309.

76 Armin Schäfer and Harald Schoen, 'Mehr Demokratie, aber nur für wenige? Der Zielkonflikt zwischen mehr Beteiligung und politischer Gleichheit', *Leviathan* 41(1), 2013, 94-120.

77 英格梅尔·布吕道恩（Ingolfur Blühdorn）在《模拟民主》（*Simulative Demokratie*）中如此写道。《后民主转向后的新政治》（*Neue Politik nach der postdemokratischen Wende*）(Berlin: Suhrkamp, 2013)甚至称（在我看来，这一说法带有保守的基调和相对薄弱的实证基础）受到启发的主体在身份上被市场化和液化到一定程度，以至于无法再被充分代表——而最终对模拟民主满意。

78 Niklas Luhmann, *Protest. Systemtheorie und soziale Bewegungen*, Frankfurt: Suhrkamp, 1996, 11.

79 Aaron Sahr and Philipp Staab, 'Bahnhof der Leidenschaften. Zur politischen Semantik eines unwahrscheinlichen Ereignisses', *Mittelweg 36* 20(3), 2011, 23-48, 29.

80 Walter et al., *Die neue Macht der Bürger*, 323ff.

81 在马克斯·韦伯的"公民领导民主"（plebiscitary leadership democracy）概念中，是魅力型统治者（charismatic ruler）利用公民投票击败了温顺、寻求折衷和官僚的民主机制（参看Wolfgang Mommsen, *Max Weber and German Politics*, Chicago: University of Chicago Press, 1990）。

82 我在这篇文章中阐述过本节的论点：Oliver Nachtwey, 'Rechte Wutbürger. Pegida oder das autoritäre Syndrom', in *Blätter für deutsche und internationale Politik* 60(3), 2015, 81-90。

83　Olaf Groh-Samberg and Florian F. Hertel, 'Ende der Aufstiegsgesellschaft?', *Aus Politik und Zeitgeschichte* 65(10), 2015, 25-32.

84　Heinz Bude, *Society of Fear*, Cambridge: Polity, 2018.

85　Franz Neumann, 'Anxiety and Politics' [1957], *Triple C: Communication, Capitalism and Critique* 15(2), 2017, 612-36.

86　参看Priska Daphi, Dieter Rucht, Wolfgang Stuppert, Simon Teune and Peter Ullrich, '"Montagsmahnwachen für den Frieden" Antisemitisch? Pazifistisch? Orientierungslos?', *Forschungsjournal Soziale Bewegungen* 27(3), 2014, 24-31。

87　关于这点，可参看哥延根民主研究所（Göttingen Institut für Demokratieforschung）的研究（Lars Geiges, Stine Marg and Franz Walter, *Pegida. Die schmutzige Seite der Zivilgesellschaft?*, Bielefeld: transcript, 2015），以及运动研究所（Institut für Bewegungsforschung）的研究（Priska Daphi et al., 'Protestforschung am Limit. Eine soziologische Annäherung an Pegida', ipb working paper, Berlin, protestinstitut.files.wordpress.com (accessed February 2016)）。

88　Axel Honneth, 'Brutalization of the Social Conflict: Struggles for Recognition in the Early Twenty-first Century', *Distinktion: Scandinavian Journal of Social Theory* 13(1), 2012, 5-19.

89　Theodor W. Adorno et al., *The Authoritarian Personality*, New York: W. W. Norton, [1950] 1980.

90　在研究中，这种现象也被描述为"女性民族主义"（femonationalism）（Sara Farris, *In the Name of Women's Rights*, Durham, NC: University of North Carolina Press, 2017）。

91　"反性别二元论"（Anti-genderism）最近在PEGIDA以外的保守环境中变得越来越重要。参看Sabine Hark and Paula-Irene Villa (eds), *Anti-Genderismus. Sexualität und Geschlecht als Schauplätze aktueller politischer Auseinandersetzungen*, Bielefeld: transcript, 2015。

92　Adorno, *The Authoritarian Personality*, 678.

93　同上，687。

94　Max Horkheimer, 'Authority and the Family' [1936], *Critical Theory: Selected*

*Essays*, New York: Continuum, 2002, 82.

95 Blühdorn, *Simulative Demokratie*.

96 Andreas Zick and Anna Klein, *Fragile Mitte—Feindselige Zustände. Rechsextreme Einstellungen in Deutschland* 2014, Bonn, Dietz, 2014.

97 参看Wilhelm Heitmeyer, *Deutsche Zustände. Folge* 1–10, Frankfurt: Suhrkamp, 2002-12。

98 Elias Canetti, *Crowds and Power*, London: Phoenix Press, [1962] 2000.

99 参看OECD, *Growing Income Inequality in OECD Countries. What drives it and how can policy tackle it*? Paris, 2011; Thomas Piketty, *Capital in the Twenty-First Century*, Cambridge, MA: Harvard University Press, 2014。

100 参看François Dubet, *Injustice at Work*, London: Routledge, 2010; Stephan Voswinkel, *Was wird aus dem 'Fahrstuhleffekt'? Postwachstum und Sozialer Aufstieg*, Working Paper der DFG- Forschergruppe Postwachstumsgesellschaften 08/2013, Friedrich-Schiller-Universität Jena, 2013。

101 参看Klaus Dörre, Anja Happ and Ingo Matuschek, *Das Gesellschaftsbild der LohnarbeiterInnen. Soziologische Untersuchungen in ost- und westdeutschen Industriebetrieben*, Hamburg: VSA, 2013; Klaus Dörre, 'Funktionswandel der Gewerkschaften. Von der intermediären zur fraktalen Organisatione, in Dörre and Haipeter (eds), *Gewerkschaftliche Modernisierung*。

102 参看Christoph Deutschmann, *Kapitalistische Dynamik*, Wiesbaden: VS, 2008。

103 Wolfgang Streeck, *Buying Time*, London: Verso, 2014.

104 Göran Therborn, 'New Masses? Social Bases of Resistance', *New Left Review* II (85), 2014, 7-16.

105 对于不同的角度，可参看Ralf Dahrendorf, *Class and Class Conflict in an Industrial Society*, London: Routledge, 1959, and E. P. Thompson, 'The Moral Economy of the English Crowd'。

106 这些规范之所以如此有影响力，是因为它们的"过剩效度"（surplus validity）总是表明一些超越其本身的东西（参看Fraser and Honneth, *Redistribution or Recognition*？）。

107 Oliver Marchart, *Die Prekarisierungsgesellschaft. Prekäre Proteste—Politik und Ökonomie im Zeichen der Prekarisierung*, Bielefeld: transcript, 2013.

108 参看Costas Douzinas, *Philosophy and Resistance in the Crisis*, Cambridge: Polity, 2013, 176ff。

109 参看Craig Calhoun, 'Occupy Wall Street in Perspective', *British Journal of Sociology* 64(1), 2013, 26-38。

110 Miguel Abensour, *Democracy Against the State*, Cambridge: Polity, 2010.

111 Étienne Balibar, *Equaliberty: Political Essays*, Durham, NC: Duke University Press, 2014, 284.

112 参看同上；Pierre Rosanvallon, *The Society of Equals*, Cambridge, MA: Harvard University Press, 2013。

113 参看Streeck, *Buying Time*; Frank Deppe, *Autoritärer Kapitalismus. Demokratie auf dem Prüfstand*, Hamburg: VSA, 2013; David Salomon and Oliver Eberl, 'Die soziale Frage in der Postdemokratie', *Forschungsjournal Soziale Bewegungen* 27(1), 2014, 17-26。

114 Rosanvallon, *Society of Equals*, 1-2.

115 然而，在这里也无法脱离危险。在互联网上，几乎不需要控制情绪，也不需要理性的叙述和沟通结构，各种有害的杂草都可能滋生，比如阴谋论。这一点显然在"周一示威"的"和平运动"（peace movement）中发挥了作用。

116 Herfried Münkler, *Mitte und Maß. Der Kampf um die richtige Ordnung*, Reinbek bei Hamburg: Rowohlt, 2010.

117 对阿克塞尔·霍耐特来说，抗议活动并非源于对更美好世界的憧憬，这在现代社会史上是一个全新的事实。因此，他试图重振社会主义的旧观念——"社会自由"（social freedom）（Alex Honneth, *The Ideal of Socialism*, Cambridge: Polity, 2016）。

118 参看Wolfgang Streeck, 'How Will Capitalism End?', *New Left Review* II(87), 2014, 35-64; Immanuel Wallerstein et al., *Does Capitalism Have a Future?* New York: Oxford University Press, 2014; David Harvey, *Seventeen Contradictions and the End of Capitalism*, Profile Books, 2015。

119 参看Dirk Jörke and Oliver Nachtwey, 'Die rechtspopulistische Hydraulik der Sozialdemokratie. Zur politischen Soziologie neuer Arbeiterparteien', *Leviathan Sonderband* 32, '*Das Volk gegen die liberale Demokratie*', 2017, 161-186。

① 此处为标题，因此用了相对简略的名称，参照了BBC翻译：https://www.bbc.com/zhongwen/simp/world/2015/02/150203_pegida_profile。——译注

## 后记

1 Berthold Kohler, 'Die Unerschütterliche', Frankfurter Allgemeine Zeitung, 26 September 2017.

2 Manfred G. Schmidt, *Das politische Systems Deutschlands*, 3rd edition, Munich: C.H. Beck, 2016.

3 Klaus von Beyme, *Parteien in westklichen Demokratien*, Munich & Zürich: Piper, 1984.

4 参看Ulrich Herbert, *Geschichte der Ausländerpolitik in Deutschland*, Munich: C.H. Beck, 2001, 315ff。

5 参看Otto Kirchheimer, 'The Transformation of the Western Party Systems', in Joseph LaPalombara and Myron Wiener (eds), Political Parties and Political Development, Princeton, NJ: Princeton University Press, 1966, 177-200。

6 Kirchheimer, 'Transformation of the Western Party Systems', 200.

7 然而，这些政策在自由民主党已经有所呈现。

8 Oliver Nachtwey and Tim Spier, 'Political Opportunity Structures and the Success of the German Left Party in 2005', *Debatte. Journal of Contemporary Central and Eastern Europe* 15 (2), 2007, 123-54.

9 Oliver Nachtwey, 'Market Social Democracy: The Transformation of the SPD up to 2007', *German Politics* 22 (3), 2013, 235-52.

10 Walter Franz, *Im Herbst der Volksparteien? Eine kleine Geschichte von Aufstieg und Rückgang politischer Massenintegration*, Bielefeld: transcript, 2009.

11 Winfried Thaa and Markus Linden, 'Issuefähigkeit—Ein neuer Disparitätsmodus?',

in Markus Linden and Winfried Thaa (eds), *Ungleichheit und politische Repräsenta-tion*, Baden-Baden: Nomos, 2014, 53-80.

12  Peter Mair, Ruling the Void? The Hollowing of Western Democracy, London: Verso, 2013.

13  Franz Walter, *Gelb oder Grün? Kleine Parteiengeschichte der besserverdienenden Mitte in Deutschland*, Bielefeld: transcript, 2010.

14  Oliver Nachtwey, 'Die Linke and the Crisis of Class Representation', *International Socialism* 124, 2009, 23-36.

15  Alexander Hensel, Stephan Klecha and Walter Franz, *Meuterei auf der Deutschland: Ziele und Chancen der Piratenpartei*, Frankfurt am Main: Suhrkamp, 2012.

16  Sebastian Friedrich, *Der Aufstieg der AfD. Neokonservative Mobilmachung in Deutschland*, Berlin: Bertz+Fischer, 2015.

17  Kirchheimer, 'Transformation of the Western Party Systems', 200.

18  参看Schmidt, *Das politische System Deutschlands*。

19  Susan Watkins, 'The Political State of the Union', in *New Left Review* II (90), 2014, 5-25.

20  Oxfam Deutschland, '82 Prozent des weltweiten Vermögenswachstums geht ans reichste Prozent der Bevölkerung', 22 January 2018, www.oxfam.de (accessed May 2018).

21  Niklas Luhmann, 'Wir haben gewählt', Frankfurter Allgemeine Zeitung, 22 October 1994.

薄 think as
荷 the natives
实验

"薄荷实验"是华东师范大学出版社旗下的
社科学术出版品牌,主张"像土著一样思考"
( Think as the Natives ),
以期更好地理解自我、他人与世界。
该品牌聚焦于社会学、人类学方向,
探索这个时代面临的重要议题。
相信一个好的故事可以更加深刻地改变现实,
为此,我们无限唤醒民族志的魔力。

M I N T L A B

《捡垃圾的人类学家：纽约清洁工纪实》
罗宾·内葛 著　张弼衍 译

《人行道王国》
米切尔·邓奈尔 著　马景超、王一凡、刘冉 译

《清算：华尔街的日常生活》
何柔宛 著　翟宇航等 译

《看上去很美：整形美容手术在中国》
文华 著　刘月 译

《找工作：关系人与职业生涯的研究》
马克·格兰诺维特 著　张文宏 译

《道德与市场：美国人寿保险的发展》
维维安娜·泽利泽 著　姚泽麟等 译

《末日松茸：资本主义废墟上的生活可能》
罗安清 著　张晓佳 译

《母乳与牛奶：近代中国母亲角色的重塑 (1895-1937)》
卢淑樱 著

《病毒博物馆：中国观鸟者、病毒猎人和生命边界上的健康哨兵》
弗雷德雷克·凯克 著　钱楚 译

《感情研究指南：情感史的框架》
威廉·雷迪 著　周娜 译

《培养好孩子：道德与儿童发展》
许晶 著　祝宇清 译

《拯救婴儿？新生儿基因筛查之谜》
斯蒂芬·蒂默曼斯、玛拉·布赫宾德 著　高璐 译

《金钱的社会意义：私房钱、工资、救济金等货币》
维维安娜·泽利泽 著　姚泽麟等 译

《成为三文鱼：水产养殖与鱼的驯养》
玛丽安娜·伊丽莎白·利恩 著　张雯 译